中公クラシックス J35

高坂正堯

海洋国家日本の構想

中央公論新社

目次

時代を超えて生きる戦後論壇の金字塔

中西　寛

鮮烈な論壇デビュー

本書は、国際政治学者・高坂正堯（一九三四〜九六）が公刊した最初の著作である。その内容は一九六三年から翌六四年にかけて『中央公論』や『自由』などの雑誌に順次公表された七篇の論文を集めた論文集である。従ってそれぞれの論文は独立したテーマを持っているが、短期の間に書かれたこともあってか、全体としての首尾一貫性もきわめて高い。

本論文の冒頭に置かれた「現実主義者の平和論」は、高坂の論壇デビュー作であり、鮮烈な衝撃を与えた作品である。公表時、三十歳にも満たない若手助教授が、戦後日本の論壇を支配していた進歩派の中立論を正面から批判したのである。しかもその内容は、それまでの日本で一般的だった政治的な左右、親米か社会主義シンパかというようなイデオロギー的立場からの非難を超越し、海外の学問的水準を十分に吸収した上で、中立論の知的弱点を鋭く指摘し、しかも理想主義と現実主義の対話を呼びかけるという洗練された手法によってであった。

この論文が世に出るまでの高坂の経歴、また、この論文の産婆役をつとめた『中央公論』編集部の粕谷一希との出会いについては、本シリーズで先年公刊された高坂の『宰相 吉田茂』（中公クラシックス、二〇〇六）の解題において触れたので詳しくは繰り返さない。西田幾多郎門下の「京都学派」に属する哲学者の一人だった父高坂正顕の影響、京都大学で師事した国際法の田岡良一や政治学の猪木正道が示したイデオロギーにとらわれない実証的姿勢、そしてハーバード大学に留学し、世界の指導国となったアメリカにおいて急速に蓄積されていた国際政治や戦略に関する最新の研究を吸収したことが、近代政治学の方法論を身につけた上で、日本の政策問題を論ずる新しい世代の学者を代表する一人として、高坂正堯の論壇デビューを準備したのである。

高坂は本書に収められた論文を次々と発表する一方で、六四年初頭には「宰相吉田茂論」を『中央公論』に発表し、改めて注目を集めた。ただしその反響は「現実主義者の平和論」の場合とは違ったようである。「宰相吉田茂論」の方はまだ存命の長老政治家を扱ったことにより、日本社会一般に広く高坂の存在を知らしめることになった。対して「平和論」の衝撃は主に日本の知的世界において大きかった。高坂の日本の対外政策に関する諸論考を、渇いた喉をうるおす水のように吸収したのは、論壇誌を愛読していた比較的若い学者・知識人や学生、若手の政治家や官僚、知的探求心の強い社会人たちだった。彼らにとっては、高坂がイデオロギー的善悪ではなく、国際政治に内在する論理という視点から国際情勢を分析し、その上で日本の対外政策を論じる高坂の合理的精神こそ、先進国となった日本に似つかわしいものと感じられていたのである。

本書の初版が一九六五年に出された後、一九六九年には増補版として再刊された。各論文につけられた補注は、増補版の出版の際につけ加えられたものである。その内容は、初版の公刊以降に高坂が著した著書、論文を踏まえたものが多い。高坂にとっては、論壇誌で公表するという体裁上、細部まで論じ切れなかった点を補いたいという気持ちが強かったのであろう。しかしそれらの補注の内容は初版を補完するものであって、大きく修正するものではない。本書に収められた諸論文が、最初に公刊された時点でいかに考え抜かれて書かれたかを示す一証左である。

それにしても本書は約四〇年前の著作である。国際政治の構造も日本の状況も大きく変化した今日、本書の内容は時代遅れなのではないか。読者はそのような予断をもたれるかもしれない。実際に読み進めれば、多くの読者は本書のここかしこに今日にも通じる多くの示唆を感じとることができるだろうと信じる。ただ、専門用語の使用は最小限にとどめられているとはいえ、本書はかなり知的に高度な内容を含んでおり、時代背景の知識なしに理解することにはいささか無理があるかもしれない。以下では、読者にとって多少とも便宜になることを期待して、本書の内容を概括しながら、今日の目から見たその意義を考証することにする。

本書に収められた七篇の論文のうち、柱となっているのは最初の「現実主義者の平和論」と最後の「海洋国家日本の構想」である。間の五篇は「平和論」で提示された論点をより詳しく論じながら、次第に「海洋国家」へと至る思考を高めていく過程と考えてよい。そこでまず「平和論」の内容をやや詳しく分析した上で、その後の五篇について簡単に触れ、最後に、「海洋国家」論の内容を確認することにする。

「現実主義者の平和論」の衝撃

この論文のタイトルが当時の論壇でどれほど挑発的なものだったか、今日ではちょっと理解しがたいであろう。戦後日本の論壇は、進歩派知識人が圧倒的な比重を占めていた。彼らは戦後日本の理念として平和主義を掲げ、憲法九条こそその真髄であるとして、軍備や同盟は好戦的であり、平和の破壊につながるとして拒絶していた。そうした立場を代表したのが戦後初期に進歩派知識人の集まりとして結成された「平和問題談話会」であり、その代表的主張が一九五〇年に雑誌『世界』において公表された「三たび平和について」であった。「平和論」はまさに進歩派知識人の専有物であり、彼らは自民党保守政治が進める自衛隊整備や日米安保体制を非難し、革新勢力としての野党に期待と圧力をかけていた。このような風潮に抵抗した劇作家の福田恆存のような人物もいたが、彼が一九五四年に著した「平和論に対する疑問」は、裏からの形でいかに

「平和論＝進歩派」の図式が当然視されていたかを示してもいる（両論文とも、北岡伸一編集・解説『戦後日本外交論集』中央公論社、一九九五に所収。ただし「三たび」の方は前半部のみ）。

こうした文脈で、「現実主義者」は軍備や権力を否定しないというだけで好戦的存在であり、知識人たりえない存在と見なされた。自ら「現実主義者」と名乗るだけで理想を放棄し、権力におもねる存在と公言しているかのような扱われ方をした。当然、「平和論」など語るはずもない。「現実主義者の平和論」というタイトルは、すでにしてこうした風潮への挑戦を示していたのである。

しかしその内容はあくまで論理的である。進歩派の代表として加藤周一や坂本義和らの「中立論」をとりあげて詳細に検討を進める形で論を展開しているのである。

中立論者は、米ソの核戦争になれば日米同盟と自衛隊は日本を守る役には立たず、むしろ危険に巻き込む役割を果たすだけだとして、非武装中立への転換を訴える。しかしこの考えは、現代においても核兵器だけでなく通常兵器が一定の役割をもっていること、そして好むと好まざるとにかかわらず、現状では日本の安全は東西の同盟網が対峙する極東での力の均衡に依拠していることを軽視した議論であり、実現性に乏しい。このことは既に中立論の批判者から繰り返し指摘されてきた。

目指したのは目標と手段の対話

しかしこの指摘は中立論の真の弱点をついたことにはならない。非武装中立論の魅力は、日本社会が広く肯定するようになった価値としての、憲法に体現された絶対平和の立場により忠実であることは確かだからである。外交政策は単に国家の安全だけでなく何らかの理念の実現を追求せねばならず、権力政治を脱却して絶対平和を実現するというのは日本が追求すべき価値であると高坂は認めるのである。この点で、憲法を「押しつけ」として非難し、平和主義も共産側の宣伝として非難していた当時の保守派と高坂は一線を画すのである。

その上でなお、中立論は不十分である。権力政治の現状から絶対平和の理想へといかにスムーズに、破綻なく移行できるかという方法論を中立論は無視している。たとえば坂本は、中立への方向転換さえ定まれば、他の問題は「高度に技術的な問題」だと断じたが、「技術的問題」をつめることは、絶対平和の理念的正しさを確認することと同様に重要なのだ、と高坂は反論する。

この点で中立論の主張は曖昧に過ぎると高坂は批判する。一つには、極東における米ソの同盟網を相互不可侵条約に置き換えることや、東西の軍事力を制限する兵力引き離しが考えられるが、いずれもそれが守られるためにはその違反をとがめる力の裏づけが必要であり、同盟の存在とこの意味での中立は矛盾しない。また、国際情勢の変化を期待して日本からまず中立主義をとろうという主張もあるが、これは在日米軍が在韓米軍を支えているという現状を無視しており、日本が日米同盟を破棄すれば在韓米軍は孤立して、朝鮮半島の勢力均衡を崩し、日本を危険にさらすかも知れないという余りにも危険な「賭け」を意味する。

権力政治の克服、絶対平和の実現に向けてさしあたり重要なのは、同盟か中立かの二者択一を論じるのではなく、同盟による勢力均衡を前提として極東の緊張緩和の実現を図ることである。この選択において現実主義と理想主義は対話が可能となる。

具体的な緊張緩和策としては、

（1）中共との国交正常化（当時は日本は台湾にあった国民党政府を承認しており、大陸の共産党政府との間に国交はなかった）

（2）朝鮮半島での兵力凍結から兵力削減、武力による統一の否定

（3）日本の非核武装宣言

（4）ロカルノ方式と呼ばれる相互不可侵体制の追求

（5）勢力均衡を崩さないよう配慮した上での極東での兵力削減

を高坂は「手始め」として提案する。

改めて振り返ると、こうした高坂の立論は、一九六〇年代初頭の時代の精神を反映していたものと言える。戦後日本の理念として憲法が体現する絶対平和を肯定するというのは、占領改革を

否定するそれまでの保守派の主流からは出てこない発想であり、憲法の理念を肯定しながら、自衛隊と日米安保も肯定するという選択は、憲法改正を目指した岸信介政権が日米安保条約の改定承認とひきかえに退陣せざるを得なくなった後になって初めて表明可能となった立場であったと言えよう。

もう一つ、高坂の立論を強く支えているのは、核兵器と通常兵器を区別し、各時代においても通常兵器には一定の役割があることを指摘した当時の戦略理論の潮流であった。五〇年代には核兵器を通常兵器と同様に扱うことを目指した限定戦争論も唱えられたが、六〇年代にはいると核と通常兵力の違いに明確な区別はなく、戦術核が使用されれば全面核戦争に至る可能性が否定できない以上、核大国も核兵器は使用できないと考えられるようになった。その場合、通常兵力しかもたない国でも、外交との組み合わせによって、ある程度まで自国の安全保障を自らの手段で実現できると見なされるようになったのである。高坂の日本の非核化宣言論にはこうした戦略論の背景があった。

実現しなかった対話の試み

それにしても、この論文を素直に読めば、中立論者を非難するというよりも対話を通じて一致点を探ろうという姿勢は明らかである。実際、高坂は、同じ国際政治学を専攻する坂本義和東大教授と意見を交わすことを求めた。粕谷の回想では、坂本に『中央公論』での対談を求めて断られ、さらに個人的な面談でも中央公論編集部の仲介は断られ、最後には高坂が坂本の研究室を訪れてようやく面談が成立した。しかし粕谷が後で高坂から聞いたところでは、全く話がかみ合わなかったらしい（粕谷一希『作家が死ぬと時代が変わる』日本経済新聞社、二〇〇六）。政治学者の大嶽秀夫はこの件について粕谷の他に坂本にも取材したが、坂本の記憶は曖昧で、高坂の議論は平凡で、自民党政権の危険性への認識を欠いている点で強い違和感を感じたと答えたようである（大嶽秀夫『高度成長期の政治学』東京大学出版会、一九九九、八九―九一ページ）。

この件でも明らかなのは、進歩派知識人にとってはあくまで国内政治が関心の中心であり、左右の対立の中でいずれの側に立つかという観点が優越していたという点である。皮肉なことに、中立論者にとって国内政治上の中立はあり得なかったのだろう。当時の高坂が政治を理念と権力、目標と手段という枠組みによって客観的に分析できると信じていたのに対して、進歩派知識人からすれば高坂との対話に引っ張り込まれるのは敵に籠絡されるといったイメージを抱いていたのではないか。

こうした姿勢は、進歩派知識人のリーダーだった丸山眞男にも見られる。粕谷によれば、高坂が真に批判し、かつ対話を求めていたのは、ハーバード大学留学中に議論した丸山ではなかったかということである。「平和論」の中に丸山への言及はないが、あえて「現実主義者」として自らの立場を表明したところに丸山への挑戦的呼びかけを感じとれないでもない。

というのは、丸山は一九五二年、「『現実』主義の陥穽」という小論を書いたが、それは丸山門下の坂本を含め、今日に至るまで、進歩派知識人の「現実主義者」への批判の原点をなしているからである。丸山によれば、現実主義者の言うところの「現実」は、既成事実のみを指して将来の変革の契機を無視し、複雑な現実の一面しか見ておらず、支配権力の選択する方向に偏りがちだと言うのである。こうした丸山の「現実」主義に対する警告が仮に正しいにしても、変革の契機を重視し、より多面的で、支配権力に抵抗する側からの「現実」認識も可能なはずである。高坂の、理念を実現するための手段を選択する上での現実主義とは、現実の認識が一通りでない可能性を認めた上で、対話を通じて共通の現実認識に至ろうという態度を意味していた。しかし丸山の主張は、理念に対抗して現実を語る者に対して、異なる現実認識で対抗するのではなく、現実追随主義者、支配権力への追従者であるとのレッテル貼りによって、対話を回避することを許容する論理を提供した。

高坂が論壇に登場した時期は、それまでの左右の対立を超えて、論壇が共通のプラットフォームとして成立しうる時期であった。しかしこれに失敗した論壇は、次第に雑誌の数は増えるが仲間内の雑誌という性格が強まり、全体として広い読者層を失っていくことになる。

国内政治に向けた提言

高坂の進歩派との対話は実現しなかったが、次の二篇の論文（「外交政策の不在と外交論議の不毛」「二十世紀の平和の条件」）は共に、理念と現実の対話を国内政治で実現する方策について、「平和論」よりも踏み込んで論じたものである。

前者は、日本において政府が行う外交政策と野党が主導する外交論議がかみ合わず、没交渉で事態が進行している状態を問題視し、その改善を訴える趣旨である。高坂によれば、問題は与野党双方にある。野党、特に第二党の社会党が現に行われている外交政策を現状として認めないために、原則論、抽象論による政府非難に終始し、具体的な問題提起に至らない。他方で与党自民党は、国民に率直に自らの外交政策への支持を訴えることをせず、むしろ世論の支持なくしてできる範囲の政策にとどめ、野党の反対論に対しては、一般大衆はむしろ反対しないことで支持しているると反論する。結果として日本の外交は、「政府の外交路線にかならず反対する一団、慎重論から反対論にいたる外交論議、それとは無関係に走りつづける外交路線、そして『声なき声』というパターンに終始する（本書五三ページ）。これに対して高坂は、野党が現状から出発した漸進的変革という姿勢をとり、与党が外交を国民に訴える姿勢を強めるべきだと主張する。残念なことに、高坂の分析と処方箋は今日でも驚くほどあてはまる。

後者は、平和を願う世論が現代の政治において果たす逆説的な役割を分析する。世論の合理性を信頼し、世論によって政治が動かされることを肯定する立場は一般にリベラリズムと呼ばれる。現代において核戦争の恐怖が明白であるために、世界の世論は一般に平和を志向し、軍備の削減を期待する。この意味では現代世界は「核リベラリズム」の時代と言い得る。しかし現代の政治にあっては世論が単純に政治を動かすことは期待できない。ナチスの宣伝が示したように、世論は国家によって動員され得るし、社会主義圏や独裁国では自由な世論は存在しない。そして軍縮を求める世論が非核地帯宣言や非核武装宣言を提起する場合、権力政治上の役割を果たしていることを無視することはできない。誰がどの程度軍備を減らすかに関する決定は、誰がどの程度軍備を増やすかと同程度に、権力政治に影響を与えるからである。世論が国家の政策の変更を求める場合には権力政治を理解した上で具体的政策の実現を支えるべきであり、日本については、まず日本の非核保有宣言を実現した上で、非核地帯や兵力引き離しといった提案に進むべきである。他方で、そうした現実主義的性格を超えて世界世論をいかに強めるかという議論も併行してなされるべきである、と論じる。

二十世紀の権力政治

この論文だけが学会誌に寄稿されたものであり、筆致は他の論文と多少異なるが、内容的には他の論文と十分に連続している。テーマとなっているのは、現代の国際政治における権力とは何かという基本問題である。E・H・カーによる軍事力、経済力、世論を支配する力という古典的分類によりながら、核兵器の登場によって軍事力の行使が核戦争に至るリスクが高まったことは、逆説的に軍事力の権力としての効果を小さなものとした、という。軍事力の性格は他者による軍事力の行使を抑えるという抑止力が主たる役割となり、積極的に何かを実現するための手段とはなりにくくなった。むしろ現代においては経済力が重要なものとなっている。しかしかつては経済力も軍事力の基盤として意義づけされ、それ故に国家が管理できる自給自足体制が重視されたが、今日では広い経済圏を作り、その参加者にある程度の利益を分配する必要が生じている。東西間で途上国を自らの経済圏に組み込む競争が現代の権力闘争の主戦場である。しかし経済力の獲得のためにはその国が国内を組織し、国民を動員する力が必要となり、そこにおいて経済力は世論を支配する力と結びついてくる。また、前論文で分析されたように、国際的にも世論は、軍備なき平和を希求するという形で一種の権力政治の手段ともなり得るので、「反軍事的な力」という逆説的な存在となっている。要するに現代においては軍事力が力としての役割を後退させる一方で、「経済関係、世論、道義、そして平和運動さえもが、権力政治の一局面となってしまった」。他方で、そうした権力政治そのものが公平さや福祉、平和といった価値を前提としている点で権力政治を超克する契機を内包している。つまり、理念対権力という二元的対立ではなく、両者が分かちがたく結びついている逆説こそが現代の国際政治の特徴だとするのである。

中国問題とはなにか

まず高坂は、「平和論」において、日本の採り得る緊張緩和策の一つとして中国との国交正常化が挙げられていた。その問題をさらに掘り下げたのがこの論文である。

日本での中国認識が正確でない背景として、過去の中国社会を前提とした議論に頼りすぎる傾向や、革命をイデオロギー的に捉えようとする傾向が強すぎる点を指摘する。中国についてもあくまで権力政治の観点からまず理解されるべきである。その点では中共革命の基本的意義は中国に民族革命と産業革命を可能とする「組織的な基礎」を与えたことである。民族革命と産業革命の結びつきこそ工業化の成功の基本的な条件であり、中国が何度かの失敗の後、こうした基礎を手に入れたことは、やがて国際政治に大きな影響を与えることになるだろうと予測する。中国が国際社会に向けて発する好戦的な言辞にもかかわらず、国力の限界から、中国の対外政策は慎重である。日本が中国と非正常な関係にあることは日本の安全保障上の懸念であり続ける。その解消のために日本は中共政府を大陸を支配する正統政府であると認めて、賠償を支払って戦争責任問題を解決し、国交正常化を実現させるべきである、と結論づける。

核の挑戦と日本

「平和論」以来、高坂は極東における緊張緩和を説き、その具体的方策としてまず、日本による非核保有の宣言と中共との国交正常化を説いてきた。それは現代の国際政治において権力政治とそれを克服したいという理念とが分かちがたく結びついていることを認識し、また日本において政府の行う外交政策と野党が提起する外交論議とを結びつけたいとの希望からであった。

しかし一九六四年十月に中国が核実験を行ったことは、高坂のこうした提言に対して重大な挑戦をつきつけたように見える事態であった。中国の核保有は米中関係の緊張を高め、極東の勢力均衡を変化させると共に、日本の安全保障にとって重大な挑戦となるものだからである。高坂は中国やフランスによる核保有が米ソへの挑戦の基盤となっていることを認める。フランスの戦略理論家ガロアの見解を引きつつ、米ソに比べれば少数であっても、その破壊力ゆえに核は抑止力として機能し得る。それゆえガロアは、中国の核保有に対して日本も核保有によらなければ自らを守ることはできないと論じたことに一定の理解を示す。

しかし高坂は、ガロアの主張にもかかわらず、核兵器が抑止力としてしか機能せず、使い得ない兵器である事実に変化はないと主張する。アメリカとの同盟関係がある限り、日本に対する本格的な軍事攻撃を中国はなし得ない。アメリカが確実に日本を守るとは言えないが、守らないのも確実ではない以上、中国は核戦争のリスクを冒すことはないと見るのである。むしろ問題は、日本の国内で最低限度の通常兵力の保有について見解が対立し、内乱やゲリラ戦のような間接侵略に対抗する手段が十分に備わっていないことだと指摘する。核の挑戦が意味しているのは、国際政治における権力の源泉としての軍事力の限界を一層明らかにしたことである。日本は軍事力以外の権力、とりわけ発展途上国での経済発展を助け、また高度産業国家としての技術力をどう高めていくかを考えるべきである、と結論づける。

高坂は中国の核実験の直後にあって、その国際政治に与える影響は実際には大きなものではなく、日本の基本的な政策を変える必要性はないと判断したのである。この時期に発足した佐藤栄作政権下で、高坂は佐藤が最も信頼するアドバイザーとなる。核兵器に関する高坂の判断は、佐藤政権下での非核三原則の表明や、沖縄返還交渉において「核抜き本土並み」を実現するにあたって基本的な戦略認識を提供したと考えられる。

海洋国家日本の構想

こうして高坂の思考は、日本が軍事力以外の分野において積極的な役割を果たすにはどのようにすればよいかという問題に到達することになった。それは平和と軍備の問題をめぐって左右に、また官民に分裂している日本人が共有できるものとして、日本に国際政治上の権力を与えるものであると同時に、権力政治を超克する道義の追求を許す何かでなくてはならない。高坂の答えは、海洋国家として日本のアイデンティティを規定し、その役割を拡大することであった。

高坂がこの論文をとりわけ力を込めて書いたことは、本論文をこの書全体のタイトルとしたことからも明らかである。本論文が最初に公表された『中央公論』の粕谷は、高坂自身がこの論文を書きたいと提案してきたと回想している（前掲書、一三〇ページ）。

高坂によれば、一九六四年の時点で日本は経済的繁栄と国民的目標の喪失という奇妙な状況に陥っている。その根本的な理由は日本人が自らの国際政治上の位置づけを理解し得ていない点にある。日本は地理的にはアジアに存するが政治的、経済的にアジアとは離れている。とはいえ日本は同じ先進工業国である欧米とは地理的にも文化的にも離れている。このアイデンティティの不安定状況によって日本は国民的目標を見失っている。

しかしこの状況はある程度、日本の伝統的姿にも由来している。日本はアジアの中で中国の影響を受けながらも完全な中国圏にも入らなかった「東洋の離れ座敷」という存在であった。その日本は西洋諸国がアジアに侵入して以来、アジアに不安定なアイデンティティを求めてきたが、その政策は第二次世界大戦での敗北で終焉した。その後、日本はアメリカの海洋支配を利用しながら「極西」の国として欧米型の文明、ことに経済面での豊かさを追求し、ある程度それを実現した。

しかし中国の国際的影響力の拡大、さらには核保有は改めて日本が「極東」の国であるという現実を日本人に意識させた。日本は東洋でも西洋でもない国として独自の国力を高めていかなければ、現に強大なアメリカと今後強大になり得る中国の間で、米中のいずれかないし両者に従属することになりかねない。その方策を、かつてイギリスが、通商を重視し、ヨーロッパ以外の世界に活動の舞台を求めたことに学ぶことができる、と高坂は提言する。勃興期のイギリスは、国家としては慎重な対外政策をとりながら、冒険的な貿易商人の活動を後押しした。この組み合わせがイギリスをして世界に目を開かせ、その国力を引き出した要素であった。

戦後日本は既に通商国民としての性質を身につけた。しかし日本は世界の問題を理解して長期的な視野で構想を立て、政府と民間が異なる立場で一つの目標に向けて協力するという体制に至っていない。こうした構想をもつこと、すなわち海洋国家として強大ではないが一定程度の軍備を備え、通商に加えて途上国の経済発展に資することで広い意味での経済圏を広げ、また、海洋開発に関する活動を強化することで、日本は新たな挑戦の機会をもつことになる、と高坂は提唱するのである。

今に生きる問題提起

このように振り返ると、本書で高坂が展開した様々な事柄が、今日の日本人にとって極めて示唆に富む内容を含んでいることは明らかである。確かに冷戦は終焉し、軍事力の性質はある程度変化したが、しかし核兵器が恐るべき兵器でありながら極めて使いにくい兵器であるという矛盾は変わらない。また、近年のアメリカが主導した戦争によって、最新のテクノロジーに依存する軍事力が敵の軍事力を圧倒するという意味では強大でも、新たな政治秩序を作り出すという点では極めて制約されていることも改めて確認された。

さらに日本の安全保障を考える上で、日本が極東に位置しているということが冷戦の時以上に意識されるようになっている。朝鮮半島における軍事情勢は日本の安全保障に深刻な影響を与える。かといって日本が朝鮮半島を支配するという明治期に行われた選択は日本の国力を超えており、採ることができない。結局、日本は最底限の軍事力を備えながら、主に外交的能力によって朝鮮半島が日本の脅威とならないような国際秩序を構築する外ないのである。

そして中国の本格的な台頭が日本の将来にとって巨大な挑戦となることは、今日、誰の目にも明らかである。高坂が見通しているように、日本は米中という大国の間にあって、ともすると従属関係にはまりこんでしまう危険性がある。しかしその危険を回避するために役立つのは、いたずらに自主性や対等性を主張することではなく、あくまで緻密に国際政治の構造を分析し、日本の国力を強めることである。そのための方策として、日本が極東に位置しながらも、海洋によって世界とつながり、軍事面で一定の役割を果たしながらも、中心的にはその経済力、知的能力において国際的影響力を高めるべきであるという高坂の構想は、今でも全く古くなっていない。少なくともそれは今日でも、議論の出発点として真剣に検討されるに値する内容であることは間違いない。

本書は、戦前に生まれた日本の雑誌論壇が最も活力を高めた時代にどれほど優れた論考が論壇において提示されていたかを示す記念碑的作品である。しかしそれは、何百年も前に鍛えられた名刀がその鋭さを少しも失わないのと同様に、今日の我々が真剣に向き合うべき問題提起をつきつけてくる、そういった作品なのである。

（京都大学大学院教授）

凡　例

一、本書は、小社刊の高坂正堯『海洋国家日本の構想』（一九六五年）、同増補版（一九六九年）を底本に編集したものである。

一、編集に際しては『高坂正堯著作集』第一巻「海洋国家日本の構想」（高坂正堯著作集刊行会編、北岡伸一解説、都市出版、一九九八年）を参照した。このため、著作集一四四ページにある編者の佐古丞、坂元一哉、中西寛氏の注記はそのまま収録した（本文一九一、二〇四ページ）。

一、表記にあたっては、明らかな誤字を訂正し一部句読点の補足をしたほかは底本にしたがっている。

海洋国家日本の構想

現実主義者の平和論

ソ連の核実験再開やアメリカのキューバ封鎖という、きわめて権力政治的な事件が起るたびに、日本では道義主義的な発言がくり返されてきた。それはたしかに必要なことであるだろう。権力政治一本槍の恐ろしさを、われわれは戦争という高価な教訓から学んだからである。しかし、理想主義者たちは、国際社会における道義の役割を強調するのあまり、今なお国際社会を支配している権力政治への理解に欠けるところがありはしないだろうか。力によって支えられない理想は幻影に過ぎないということは、今なお変らぬ真実ではないだろうか。もし、われわれの権力政治に対する理解が不十分ならば、われわれの掲げる理想は、実体を欠く架空のものとなってしまうのである。過去十年以上にわたって続けられてきた中立論を検討するとき、こうした疑問を感ぜざるをえない。

中立論者は安保体制にかかわる安全保障の方策として、日本が中立主義をとることを主張するが、その代表例として、加藤周一氏と坂本義和氏が「世界」（一九六二年四月号および八月号）に発表した論文をとりあげよう。

両氏の第一の、そして基本的な論点は、核戦争において日本の防衛が不可能であるという事実である。戦争が起った場合で、最悪の事態は米ソ間の核兵器〔戦争〕であるが、そうした戦争の場合、

「安保条約や基地が日本の安全保障に何ら役立たないばかりでなく、かえってソ連中共の攻撃を誘致する」ことは疑いない。だから、「われわれが日米同盟体制を続ける限り事態は絶望的である」。これに対し、「中立政策をとる時には希望が残されている」。また、局地戦争について坂本氏は、たとえ、「相手方の核兵器より少しずつ大型の核兵器を互いに使用するという悪循環」が局地戦争を全面戦争に転化させる危険を回避できたとしても、アメリカの言う局地戦は共産圏に近い狭小な国土の日本にとって、局地戦ではないという。さらに、「間接侵略の原因は何よりも時の権力者の失敗にある」のだから、国民の圧倒的支持を受けている政府は、なんら内乱を恐れる必要はない。したがって、安保条約は、これら想定しうる三つの場合について、まったく役に立たないだけでなく有害でさえある、というのが同氏の結論である。

この議論は一見きわめて精密であるが、しかし二つの点が見逃されている。まず、核戦争における日本の防禦不可能という、日本防衛の基本事実を強調するのは正しいが、しかし、戦争を核兵器による全面戦争もしくは戦術核兵器を用いた局地戦争と規定し、厳密に在来兵器にかぎる武装が侵略に対し、いわば「盾」の役割を果すという可能性を無視していることが注意される。全面戦争や限定核戦争において防衛が不可能であるという事実は、ただちにすべての武装が無意味であるという結論を導きはしない。たとえばヨーロッパの防衛は不可能であるという前提に立ちながら、スレッサー元帥はＮＡＴＯの役割を「盾」として評価している。二十八個師のＮＡＴＯ

軍は百五十個師のソ連軍を防ぎえない。ただそれは、「われわれが偶然戦争にまき込まれるチャンスを減らし、西側の立場が共産側の常套手段によって次第に突き崩されてゆくのを防ぎ、……ドイツの東側にある国々に、どのようなものにせよ無法な既成事実を西側に突きつけてくるのは非常に危険だということを考えさせるための」いわば「盾」として有用なのだとスレッサーは論ずるのである。同様の議論が日本についても成立しうると思う。

第二の問題点はより重要であるが、それは両氏が論じたことよりも、むしろ、論じなかったことにある。安保条約は、極東において勢力均衡を成立させ、したがって戦争を起さぬために役立っているという議論に対して、両氏は満足すべき答えを与えていない。加藤周一氏は、安保条約はこの意味では直接にはアメリカの戦略のためにあり、間接に日本の安全保障に役立っているにすぎないと問題を逃げているし、坂本氏は「力による平和」は一般的に否定もできないが、肯定もできないと、さらに抽象的にしか答えていない。

勢力均衡は近代ヨーロッパに国際社会が成立して以来、国際関係を規定してきた第一の原則であったし、勢力均衡の存在しないところに平和はなかった。もちろん、勢力均衡原則に対しては十八世紀以来、たえず疑問が投げかけられてきたし、とくに、核兵器の出現によって「力の均衡」による平和の立場が非常な危険を伴うようになった今日、勢力均衡原則が根本的に再検討されなくてはならないことは否定できない。

しかし、そうかといって、ひと思いにこの原則を捨てさえすればよいというものでもないのである。世界の各地において、勢力均衡が果している役割は、じつに今日の国際関係の基本的なパターンを形成している。日本の周辺についても、事情はかわらない。南北に分割された朝鮮のことを考えるならば、日本の中立化を唱える議論が、勢力均衡を考慮に入れず、そのため少なくとも強引であり、ある場合には無責任であるのが知られる。大体のところ、中立論者たちは中立という方向を定めることの重要性を強調するあまり、その具体的な方策については多くを語らないが、たとえば日本を中立化する場合、南北朝鮮における軍隊の対峙という現状はどうするのか。もし、南朝鮮の現状を今のままにして、日本を中立化した場合、日本、とくに沖縄という中継基地を失った朝鮮の米軍は孤立してその力を失う。そして、朝鮮半島における勢力均衡は破れ、軍事力の上で優勢となった北朝鮮による武力統一を妨げるものは、北朝鮮の自制だけとなってしまうのである。こうした結果は、極東の緊張を緩和しないし、また日本に安全保障を与えるものでもない。

坂本氏によって代表される理想主義者の議論が、この二つの点を見逃したのは、現代の悪魔である核兵器の問題を重要視するあまり、現代国際政治における多様な力の役割を理解していないこと、すなわち、権力政治の理解不十分に理由があると思う。この二つの問題点に満足すべき回答を与えないかぎり、中立政策の方が、安保体制よりも、よりよい安全保障体制を与えるとは言えない。日本の安全保障を与える方法として、今のところ中立論者たちが提出しているものは、安保体制よりも、より現実性の少ないものであることは否めない事実である。

しかし、私はこの批判をもって、中立論の提出する問題と十分に取り組んだとは思わない。中立論者の本領は、もっと別のところにあるからだ。今までに私が行なった議論は、すでに多くの人がくり返してきたものだといえるであろう。ここ十年間の中立論議は、中立が可能か不可能か、現実的か非現実的かということをめぐって行なわれてきた。たしかに、非現実性ということは中立論の弱味であるし、そこを突くことはもっとも容易である。しかし、中立の批判者たちは、そこでとどまって、中立論者の持っているすぐれた目的意識から学ぶこともしなかったし、中立は望ましいかどうかという問題と正面切って取り組んだこともない。

私は、中立論が日本の外交論議にもっとも寄与しうる点は、外交における理念の重要性を強調し、それによって、価値の問題を国際政治に導入したことにあると思う。坂本氏の議論の魅力はそこにある。たとえば、同氏は一九六一年十一月の「世界」の論文において、「原水爆の無条件否定の精神を軽視ないし放棄するならば、その運動は、戦後日本に実在するほとんど唯一の国民的な原理を裏切る結果になり、もはや日本の平和運動としての力を持ちえなくなるであろう」として、核兵器の問題の絶対性を強調する。この議論は先に取り上げたものとは異なったレベルのそれであり、強い説得力を持っているだけでなく、現実主義者の立場に対して基本的な問いを投げかけているものなのである。

とくに、坂本氏がたんに原水爆一般の問題を論ずるのではなく、日本人にとっての核兵器の問題という、具体的・特殊的な問題を論ずるとき、すなわち、原爆体験を通じて学びとった原水爆に対する絶対的否定を国民的原理として説くとき、同氏の真骨頂が発揮される。同氏の立場は現在の国際社会においてそれをとることがきわめて困難なものであるが、しかし論理的に一貫している。この論理をさらに進めるならば、軍事力を政策の手段として放棄した日本の国のあり方が問題とされるであろうし、また、日本がよって立つべき影響力が軍事力とは別の、どんな力の上に置かれるべきかという問題も検討されるべきであろう。しかし、この問題の満足すべき回答は未だ出されていないように思われる。

そうではあっても、このレベルの議論は、精神的な価値を国際政治に導入することによって、現実主義者に対して基本的な問題を提出しており、ここに大きな寄与があると私は思うのである。

国家が追求すべき価値の問題を考慮しないならば、現実主義は現実追随主義に陥るか、もしくはシニシズムに堕する危険がある。また価値の問題を考慮に入れることによってはじめて、長い目で見た場合にもっとも現実的で国家利益に合致した政策を追求することが可能となる。現実主義者であるバターフィールドの述べた次の言葉は、味わうべきものである。

「一国の政治家は、彼らの政策が彼ら自身の諸価値がそこで生存することができるような国際秩序を作る方面にあるかどうかを重要視すべきである」

こう考えてきた場合、日本が追求すべき価値が憲法第九条に規定された絶対平和のそれであることは疑いない。私は、憲法第九条の非武装条項を、このように価値の次元で受けとめる。

朝鮮戦争以後、急激に緊張した国際環境において、日本の再軍備が押しすすめられたとき、憲法第九条を尊重する人々は、無力な絶対反対を叫ぶが、既成事実の前に後退をつづけなくてはならなかった。その理由は、憲法にすべてをかける人々が、憲法をまったく厳格に、文字通り解釈し、「明文ある憲法の改正は明文によってするしかない。その改正ができなければ、もちろんいまのいわゆる自衛隊はやめるべきである」という議論を展開したことにある。こうした硬直した姿勢は、次のような議論、すなわち、憲法が他の法律と異なる点は、それが純法律的なものでなくて、政治的な性格をもっているところにある。憲法の柔軟な運用のためには、時代とともに憲法の柔軟な、弾力的な解釈が必要であるという議論によってすかされてしまうのである。

この点、上山春平氏が「中央公論」一九六一年十一月号に発表した論文は貴重な示唆を与えてくれる。同氏は、自衛隊の存在に憲法違反の疑いがあるのは事実だが、その責任は日本の政府や保守政党にだけなすりつけられるべきものではなく、むしろ「全人類の責任」なのではあるまいかという疑問を提出する。そういうわけで、

「まわりの国ぐにが、肩をいからして国家主権を主張し、強大な軍備をたくわえて力に物をいわ

せる外交に専念している現状では、今くらいの規模の軍隊をもつのは、止むをえないのではないかと思う。ただし、これはあくまでも臨時的な処置として、憲法を改正するのではなく、議会において、軍備の全廃をめざす国際軍縮協定の発足までは、現在規模の軍隊を存続する、という決議を行なえばよいと思う」と言う。きわめて現実的なこの議論には聞くべきところが多いと思う。

こうして、憲法第九条は、国際社会において日本の追求すべき基本的価値を定めたものと解釈されるべきものと思う。

もちろん、この国家の追求すべき価値について、私は平和という価値と並んで自由という価値もまた、同様に重要だと思う。そして、この価値が安保条約論者によって主張されていることはいうまでもない。しかし惜しむらくは、安保条約論者の求める価値は、ややもするとイデオロギー的な臭味を帯びがちであるし、少なくとも、外交はただたんに現実的であるだけでなく、自国の価値を生かすような国際秩序を作るために努力することが必要であるという認識は欠如しているか、または不足しているように思われる。

私は、こうして中立論の最大の寄与を価値の問題を導入したことに求める。日本の外交は、たんに安全保障の獲得を目指すだけでなく、日本の価値を実現するような方法で、安全保障を獲得しなければならないのである。そのために、われわれは、いかなる態度で、日本外交の問題を考え、どんな目標を設定していけばよいであろうか。

そのためにまず必要なことは、日本を取り巻く国際政治の現実を検討し、それとの関連において政策を作っていくことであろう。もちろん、われわれを取り巻く現実は暗く、理想との距りはまことに大きい。ウォルター・リップマンが書いたように、「われわれは予見できる将来ずっと、戦争と平和の中間――すなわち戦っても勝負のない戦争と、達し得られぬ平和の中間に生きていくことになるだろう」。しかし、それだからこそ、われわれは暗い現実にばら色の光を入れることなく、冷厳に分析しなければならない。

まず、われわれの目を奪うものは核戦争の暗雲である。人類は、原水爆の出現によって、破滅の危機に絶えずさらされるようになった。理想主義者たちはこの事実をはっきりと認識し、その認識の上に彼らの議論をたてている。絶対平和の思想にしても、それは、かつてはまったくの非現実論であったかもしれないが、人類が破滅のふちに立った現在、かえって現実性を持つようになったという主張がそのよい例である。たしかに、絶対平和は、窮極的な目標としては正しいし、また論理的な一貫性を持っている。だが理想主義者たちは原水爆の危険を強調するのあまり、国際社会において、現在、軍事力が果している役割を性急に否定してしまう傾向がある。

原水爆の出現が国際政治の性格を変化させてしまったという議論は、本質論としては正しい。「力として定義された利益という概念」を中心にして組みたてられた現実主義の国際政治学が、現在大きなジレンマに面していることも事実である。伝統的な外交はその極限状況として、外交の延長としての戦争を想定するものであるが、原水爆の出現は外交政策を遂行する手段としての戦争をもはや合理的ではありえなくした。こうしてULTIMA RATIO（窮極手段）を奪われた伝統的外交は十分な機能を発揮しえなくなったのである。

しかし、理想主義者たちは、この本質論をもって強引に終始するため、先に日本の中立論について述べたような欠陥を生じてくるのである。現代国際政治において、軍事力というものは、二つの異なったレベルのものから構成されている。いわば、現代の軍事力は二重構造を持つといえよう。人目を奪う核兵器と並んで、在来兵器もまた重要な役割を果しており、この二つのものの複合物としての軍事力が、今日の国際政治の基本的なパターンを構成しているのである。

朝鮮半島では、結局軍事力が均衡したがゆえに、三十八度線という旧状に復帰して休戦が成立したし、先に指摘したように、この軍事的均衡は今なお重要な意味を持っている。その他の世界各地の紛争の解決においても、その背景には関係諸国の軍事力が重要な役割を果している。たとえば、スエズ危機に際してソ連対英仏の力の差は、ソ連が英仏に対して強硬な態度をとることができた大きな要因であった。また、コンゴ問題について、アメリカがかなりの程度、イニシアティブを取ることができたのは、もしコンゴで米ソが直接間接に衝突した場合、あるいは大々的に軍事援助の競争が行なわれた場合、空軍についてアメリカが優位にあった事実と無関係ではないであろう。

核兵器に一定の役割を与えようとする制限戦争論は、外交の手段として政治的価値を戦争に与えようとするもので、伝統的な力の立場の典型ともいうことができる。現に、制限戦争論は米ソ両国においてかなり有力であり、両国間の権力政治的関係を反映している。もちろん、こうした力の立場にもとづく平和が、局地戦から発展した全面戦争の危険や錯誤による破滅をそのなかに含んでいることは周知の通りである。だから、原水爆の出現は新しい原理にもとづく国際社会を必要ならしめたというのは正しい。

問題は、いかにわれわれが軍備なき絶対平和を欲しようとも、そこにすぐに到達することはできないということである。先に述べたように軍事力は基本的な役割を果しているのだから、それを簡単に否定してしまうわけにはいかない。同様の理由で、日本がまず武装を放棄し、中立化するという例を示すことによっても問題は解決しない。われわれは、すでに権力政治のなかに組み入れられており、権力政治的な力の均衡の平和の一つの要素となっている。日本がそこから突然退くことは、力の均衡にもとづく平和を危機にさらすというギャンブルでしかない。重要なことは、この権力政治的な平和から、より安定し日本の価値がより生かされるような平和に、いかにスムースに移行していくかということなのである。

しかもこのことは、理想をひと思いに実現する代りに、困難な現実に即して理想を次第に実現してゆくというスピードの差、すなわち、量的な差異ではない。私はこの点が、今日の中立論者にもっとも欠けると思うから強調するのだが、重要なことは目的と手段の間の相関関係、すなわち手段が目的によって規定されるだけでなく、目的もまた手段によって規定されるということなのである。中立論者は、憲法第九条のかかげた絶対平和を目的として絶対視するついでに、政策上の目的としての中立を自明のこととして引き出してしまうのである。たしかに、平和というような絶対的目的は手段とは切り離して設定されうるであろう。しかし、この絶対的目的を達成するにいたる個々の具体的目標——たとえば中立——は、とりうる手段との相互関連において決定されるべきものなのである。手段と目的との間の生き生きとした会話の欠如こそ、理想主義者の最大の欠陥ではないだろうか。

　したがって私は、坂本氏の言うように、「この地点でわれわれに迫っている焦眉の課題は、中立への方向転換である。もし中立への方向さえ決定するならば、あとの問題は高度に技術的になる」とは考えない。坂本氏の言う「高度に技術的な問題」こそ私にとっては重要であり、この「技術的な問題」が、ある場合には、目標の設定に大きな影響を及ぼすものなのである。私が先に注意したように、日本が中立した場合、朝鮮における米軍はどうなるかというような問題こそ、中立が可能か不可能かを決定するだけでなく、中立が目標として正しいかどうかをさえ決定してしまうものなのである。何故なら、米軍の日本撤退によって勢力均衡が崩れることは、戦争の危険を減ずるものではなくて、むしろそれを増すものである。

だから私にとって、抽象的な同盟対平和というような問題はどうでもよい。問題になるのは、どういう手順をとっての中立かということ、また安保体制の側から言えば、どんな改良をそれに加えうるかということなのである。英国の首相であったネヴィル・チェンバレンは、平和とか、正義の促進とか、イギリスの真の利益などの一般原則から彼の政策を批判した労働党に次のように答えている。「貴下は、外交ということを、どのような意味で言っておられるのでしょうか。……貴下が、あらゆるこのような一般原則を述べたてられるのは結構だが、しかしそれは政策ではない。しかり、もし貴下にして、政策を主張なさろうとするならば、貴下は特定の情勢をとりあげ、その情勢に対して、いかに行動し、いかに行動せざることが妥当であるかを考えるべきでありましょう。これが私の政策というところのものであります」

外交論議がなんらかの意味で外交政策に寄与するためには、チェンバレンのこの言葉をよくかみしめなければならない。すなわち、抽象的な中立が問題なのではなく、いかなる政策の積重ねとしての中立か、が問題なのである。

こうして、具体的な政策として中立が検討される場合、中立論の具体的内容の貧弱さとあいまいさが問題になってくる。中立または中立主義という言葉は、あまりにも安易に、内容の定義なしに使われているのではないだろうか。実際、中立を実現する具体策を持った中立論は、きわめて少ない。おそらく、極東ロカルノ方式と呼ばれるもの、すなわち、日本、中国、アメリカ、ソ連を主要な参加国とする東北アジアの集団不可侵および平和保障体制をつくるという提案が、具体的提案と呼びうる唯一のものであろう。その第一歩として、「まず個別に各国と不可侵のとりきめを結ぶことに努力する」とともに、「日米安保条約ならびに中ソ友好同盟条約中の軍事条項を相互に解消する」ことが提案されている。

しかし、この提案は二つの問題点を持っている。第一に、それは朝鮮の問題に触れていないが、極東における勢力均衡の中心点である朝鮮を放置しているのは無責任というほかない。朝鮮の問題を放置して、東北アジアに平和保障体制をつくるなどは、とうていできない。極東においてロカルノ方式をとる場合、朝鮮をどのような形で条約に加えるかが大きな問題となるであろう。①

第二に、極東ロカルノ方式ということによって、一九二五年ロカルノにおいてドイツ、イギリス、フランス、イタリー、ベルギーの五ヵ国が条約を結んで、できあがった保障体制と同性質のものを作ることを意味するのであれば、それは防衛的性質の同盟条約を否定するものではないのである。たしかに、ロカルノ条約においてはドイツは仮想敵国とされなかった。しかし、フランスはバルカン三国と小協商を結んでおり、その仮想敵国はドイツであったのだ。さらに、より重要なことに、ロカルノ条約がその対策としたライン河地方についてさえ、ベルギーはフランスとの間に軍事協定を結んでおり、「ベルギーは、フランスがドイツから、またはドイツの支援するいずれかの国から攻撃されたとき、全兵力をあげてフランスを援ける。またフランスもベルギーに、同様の場合に援助を与える」と規定されてあったからである。

本来ロカルノ方式と呼ばれるものは、当事者間に不可侵条約を締結することであり、同盟条約の相互解消は、別個の問題なのである。すなわち、不可侵条約を締結することが望ましいことは事実であっても、不可侵条約だけに安全の保障を見出すことが賢明かどうかは疑問の余地があるのである。[2]同じことは、兵力引離しについても言える。兵力引離しは、日米安保条約を日英同盟形式に改め、アメリカ軍を撤退させることによっても可能であるし、そこまでいかない兵力の相互削減でもやはり兵力引離しであり、それもまた、緊張の緩和に役立つことができる。こうして中立論者の説く具体策は、なにも中立という最後の目的をかかげなくても、それ自体として実現することが可能なものであることが注意される。

おそらく、今日狭義の中立を主張する人々の論拠は、およそ次のようにならざるをえないと思われる。「われわれは朝鮮問題など、きわめて解決困難な問題にかこまれている。その問題の解決を先行させることは、中立および平和の達成という日本国民の悲願の実現を無期延期することに他ならない。われわれは、われわれの周辺から、われわれの決断で可能なこととして、まず日本の中立への方向を決定しなくてはならない」。この議論は、イギリスのニュー・レフトに近い発想法にもとづくもので、強い説得力を持っているが、少なくともそれが大きなギャンブルであることは認めなくてはならないだろう。そして私は、この議論のなかに、まずみずからの身を浄めてからという日本的な、あまりにも日本的な潔癖さと並んで、恐るべきエゴイズムと無責任とが同居しているように思えてならないのである。

私は、中立ということが今日あまりにもシンボル的に使われ過ぎることを残念にも、また危険にも思う。和田博雄氏が『中央公論』に発表した論文においてなしたように幅が広げられた場合、中立という言葉そのものの妥当性があやしくなってくると言えないだろうか。私は、中立ということもまた、絶対平和という窮極目的の達成にいたる過程の一つの目標に過ぎない、いわば目的のための手段に過ぎないことを明らかにした。だから私には、どうして中立ということにこだわるのかが判らない。平和＝中立という飛躍した方程式こそ、理想主義的な平和論から活力を奪っているのではないだろうか。

中立はそれ自身最終的な目的ではない。絶対平和という日本国民の価値が実現されうるような国際秩序の達成への過程の一つとして、中立という手段がとられるかもしれないし、とられないかもしれない。少なくとも、現在の段階においては、兵力引離しやロカルノ方式の方がより具体的であり、より現実的なのではなかろうか。何故なら、中立は先に述べたように極東の勢力均衡を破り、権力政治的な平和に波瀾を起す恐れがあるのに対して、兵力引離しやロカルノ方式は、やり方によっては、その危険を冒さずに、権力政治的な平和をより安定したものに変化させうるからである。

日本外交がとるべき方向についての論議は、中立対同盟という形で、鋭く対立してきたし、両者の間には越えがたい溝があるように思われる。しかしそれは、中立論者がその終極的な目的を過度に強調し、政策決定者がほとんどかたくなに、一切の反対意見をとりあげようとしなかったゆえに起ったものではないだろうか。私はすでに、中立論者の説く方策が、中立という終極的な目標と一応切り離して行ないうることを注意した。目前の具体的問題の解決という点に焦点をしぼった場合、意見の一致を見ることはより可能になるのではないだろうか。その意味で私は、日本外交の目的は極東の緊張の緩和にあると思う。理想主義者も強調するように、二つの世界の対立、緊張の緩和、とりわけ、極東の緊張を緩和することは日本の安全保障の第一の条件なのである。現実主義者の立場からも、極東における緊張の緩和の重要性は明らかである。ここにこそ、現実主義と理想主義の出会うところがあるのではないだろうか。これまで、日本の安全保障が、日本だけというあまりにも狭い文脈において考えられるか、または、世界とアジアというあまりにも広い文脈において論ぜられてきたことが反省されるべきである。日本はアジアの一員である前に極東の一国であり、極東を飛び越えてアジア・アフリカ・グループと自己を同一化することによっても、また、極東の一国であることを忘れて西欧との提携にすべてをかけても、国際政治における影響力はおろか、安全保障さえ獲得することはできないであろう。

私が今日のいわゆる現実論について不満に思い、さらに言えば日本には現実主義的思考が存在しないとさえ思うのは、中共との関係の改善を説く議論がほとんど例外なしに道義的な立場からなされ、元外務次官田尻愛義氏のような例外はあっても、現実主義からする議論がきわめて少ないことである。アメリカとの提携をつづけながら、中共との関係を改善し、友好関係とまではいかなくても、敵には回さないこと、この困難な問題を解決しない限り、極東の緊張を緩和する手がかりもつかめず、したがって日本の真の安全保障もありえないことは、現実主義者こそ認識しうるものだと私は思う。

また私はさきに、中立論議が、中立は可能か不可能かの次元でのみ行なわれてきたことに不満を表明した。何故なら、可能か不可能かという基準はいかに重要であっても、それに排他的に依存することは、現実主義ではなくて、現実追随主義となるからである。現実主義とは理想主義と同じく一つの思考法であり、その特徴として、権力として定義された利益の概念を指標とすること、社会・歴史・政治について、それに内在する不可知なものを承認し、簡単な図式でもって置き換えないこと、そして、目的と手段との間の相互関連性を認め、この両者の間の生き生きとした会話を重要視することを説くものなのである。したがって、七億の人口を持ち、日本に近く存在する中共の存在を無視することは、権力として定義された利益の概念を指標とする現実主義の自殺とも言えるであろう。

私は以上に、中立論を批判しつつ論をすすめ、中立をシンボルとして用いることを排し、中立よりはむしろ極東の緊張の緩和という目標の方が具体的でもあり、現実的でもあると考え、この目標において現実主義と理想主義が出会うのではないかと述べた。そこで、現実主義者としての立場から、極東の緊張の緩和のための方策を簡単に列記してみたい。

一、中共との国交の正常化

これが実現しなければ、極東の緊張を緩和するための交渉すらできない。実現の方法はいく通りも考えられるであろう。ゴルディオスの結び目を断つように、一挙に承認する方法と、現に政府が行ないつつあると自認している段階的な方法とは、ともに可能である。しかし、第二の方法について、現在の日本政府は積上げ方式による友好をサボタージュしているように思えてならないが、どうであろうか。第二の方法がサボタージュされればされるほど、第一の方法しか道がなくなるのではないかと思う。もちろん、台湾の問題は非常な難問を提出するが、このことについては、日本は沈黙することがもっとも賢明だと思う。早晩、中国人自身が問題を解決するだろうし、あるいは、国際連合における世論が解決のために重要な役割を演ずるであろう。

二、朝鮮半島における兵力凍結につづく兵力削減。朝鮮の統一は武力的手段によっては行なわ

ないという協定

朝鮮問題の日本にとっての重要性を私はくり返し強調してきた。明治初期の日本の外交は、朝鮮半島を、関心のほとんど唯一の対象としてきたし、また極東の国際情勢が第二次大戦後五年を経て急激に緊張したのも、北朝鮮の南朝鮮侵入を契機にしたのであった。したがって、この問題を解かずに、極東の緊張の緩和はありえないし、この問題を放置して日本の中立を唱えることが無責任であることは、すでに述べた。台湾については沈黙し、朝鮮については積極的に発言するのは矛盾だと言われるかもしれないが、しかし朝鮮の場合には南北朝鮮ともに正統の政府たることを主張しうる現実の基盤を持っているのに、台湾の場合にはそれがはなはだ疑わしい。また、日本の安全にとって、朝鮮は台湾よりもはるかに重要である。第一段階として、朝鮮の統一を武力的に行なわないことを協定し、それとともにまず両軍の兵力を凍結するという、いわゆるマクミラン・プランを応用する。その後一定の期間をおいて、兵力削減または兵力引離しが可能であろう。

三、日本の非核武装宣言

こうすると同時に、あるいはそれに先んじて、日本の非核武装を、日本独自の行動として宣言し、この原則を再確認することが考えられよう。先に述べた自衛隊承認決議とこの非核武装宣言を組み合わせるならば、自衛隊の地位を正常化するとともに、日本の非侵略的意図を明らかにする効果を持つであろう。憲法第九条について硬直した姿勢をとりつづけることは、かえって自衛隊に法的規制を与えることを困難にさせ、野放しにしてしまうことを恐れる。

四、また、ロカルノ方式を真剣に考慮する必要がある。先に述べたように、これは同盟政策と矛盾しない。

五、さらに、朝鮮における兵力引離しと並んで、極東における兵力引離しを現実の可能性として検討しなくてはならないし、少なくとも、日本から米軍を次第に撤退させて、日本が戦争に巻き込まれる率を減少させる必要がある。この場合、勢力均衡に十分な注意を払うことが必要なのは言うまでもない。また、日本とアメリカの友好関係をどういう形でつづけるかを検討しなくてはならない。

私はこうした方策が日本外交のすべての問題を解くとは思っていない。それどころか、それはまったく手始めに過ぎないだろう。しかし、重要なことは、中立というシンボルを濫用し、それにこだわることをやめて、兵力引離しや極東ロカルノ方式など、極東の緊張を緩和する方策をそれ自体として具体的、現実的に検討することである。問題は決して、中立という方向を決定することによって解決されるものではない。目的と手段とは、相互に密接に関連し合っているものだから、問題の解決は、まず目的を定め、次にその手段を見出すという思考法によってではなく、目的と手段との間の生き生きとした会話を通じて設定された政策によってのみ得られるものだからである。

そしてこうした方策が実現されたときにこそ、自由陣営の一員として生きるか、真の中立の立場をとるかという問題が、現実性をもって現われてくるだろう。たとえ軍事的にではないとしても、なんらかの形で自由陣営にとどまることを望む私と、真の中立を望む人とは、そのとき意見が分れるだろう。しかし重要なことは、未来のいつか意見が分れるということではなくて、現在なすべき共通の仕事があるということなのである。

（1）朝鮮半島が極東の勢力均衡の中心点として大きな重要性を持っていることは、歴史の示すところである。これまで、極東の緊張にはほとんどつねに朝鮮半島が関係して来た。元寇、秀吉の朝鮮征伐、日清、日露の両戦争、朝鮮戦争がそれである。明治時代の日本外交は朝鮮半島の重要性をはっきり認識していたし、それゆえ、日清戦争は韓国に対する清国の宗主権を取り除くために、日露戦争は没落した清国にかわって現われたロシアの圧力を取り除くために戦われた。そして日本が太平洋戦争に敗れたあとは、朝鮮半島はアメリカの力と中ソの力の接点となり、朝鮮戦争が激しく戦われたのであった。

軍事的に見るならば、朝鮮半島が日本の安全保障にとってきわめて重要な意味を持っていることは明らかである。朝鮮半島の先端は日本の九州から僅か二〇〇キロのところにあり、しかも日本海への入口である対馬・朝鮮海峡を制圧する位置に存在している。したがって南朝鮮が日本に敵対する国家の支配下に入ることは、ただ軍事的脅威が距離的に近づくことを意味するだけでなく、制海権と制空権とが顕著な挑戦を受けることになるという質的な相違を意味する。

しかし、こういうことは日本が朝鮮半島の問題を軍事的な見地だけから見てよいということにはならないし、まして朝鮮半島を日本にとって不都合なものにしないよう介入すべきだということにはならない。介入することの道義的な問題は別としても、それが賢明であるか否かは大いに疑わしいからである。なぜなら、現在はもちろんのこと、日本の軍備が多少増強されても、日本は朝鮮半島を守る力は持っていない。もしそうしようと思えばおびただしい量の軍備を必要とするであろう。それは理論的に明白なことであって、海峡をへだてた日本が陸つづきの軍事力に対抗することは、よほど大きな力がなくては不可能だからである。こうして、朝鮮半島は日本の安全保障にとって重要ではあるが、しかし、それを日本が守ろうとするならば日本はより大きな困難に直面するという事情にある。しかも、この場合われわれは、朝鮮半島がひとつの国家に統一されることは、それが共産主義政権によるものであっても、日本に対する脅威とはならないことに注意しなくてはならない。日本にとって困るのは、元が高麗をそうしたように巨大で明らかに侵略的な勢力が朝鮮半島を支配することであって、真実の独立国家であればどのような統一国家ができても日本にとって脅威ではない。こうして、朝鮮半島については、その軍事的重要性にもかかわらず、一般論としては日本が非介入の立場をとることがもっとも賢明であるように思われる。つまり、もっとも現実的な分析に立ち問題の難かしさを十分考慮したあとで、私はいわゆる「釜山赤旗説」はとらない。

しかし、歴史はつねに一般的な考察で割り切れない特殊の道を歩み、問題をそれだけ難かしくする。すなわち、朝鮮半島は太平洋戦争のあと米ソによって分割占領され、南北朝鮮という二つの国家が生まれた。そして統一を焦った北朝鮮が一九五〇年に武力統一の道を選んだことによって朝鮮戦争がおこり、アメリカは南朝鮮を防衛するために戦った。それによってアメリカの韓国に対するコミットメントは取り消しえないものとなったのである。アメリカ人は朝鮮戦争を正当な武力行使と考えているし、その信念は北朝鮮が武力統一を試みたこと（そうでなければ、北朝鮮が周到な準備をして釜山付近まで攻め込むことはありえない）の不当性に照らしてかなりの根拠があるので、アメリカの韓国に対するコミットメントはなくならないものと考えられる。こうして、アメリカは朝鮮半島の現状を守ろうとしているし、ソ連も（そしておそらく中国も）それを力で変更する意思を持ってはいない。朝鮮半島の状況はいちおうの安定度を持っているので小競合いはあっても大変動には至らず、当分の間現状がつづくであろう。また、韓国はその人民の支持を得た政府であって衛星国ではない。それゆえ、朝鮮半島の現状はいちおうの正当性を持っていると思われる。すくなくとも、南北朝鮮のいずれかが武力統一することよりは、現状の方が正当性を持っているといえるであろう。しかし、現実の可能性を離れて、あるべき姿を考えるならば統一朝鮮がもっとも正当であり、現在の状況はそれよりも正当性が少ない。

ここにわれわれの最大のジレンマがある。現実の可能性を考えて、現状か武力統一かを選ぶならば、答えは現状でしかない。しかし、長期的に考え、あるべき姿を考えて、現状か統一朝鮮かを選ぶならば、その答えは統一朝鮮でしかない。そして、第一の答えと第二の答えは明らかに矛盾する。現実と理想とをつなぐことはつねに難かしいが、現実の可能性を考慮した答えと理想を考慮した答えとが明白に矛盾しているとき、この二つをつなぐことはいっそう難かしいのである。

（2）不可侵条約の締結も、中立の立場をとることも、有力な安全保障政策である。しかし、それが国際政治における力関係と無関係に成立しうると考えるならば大きな誤りである。スイスの永世中立の例が示しているように、中立が可能となるためには、全般的な力の均衡が成立していなくてはならない。また、中立政策を成功させるためには、国際関係の移り変りに注意し、自国にとって不利な情勢が現われないようにする賢明な努力がやむことなくおこなわれなくてはならない。その意味で、中立政策は権力政治に盲目なものの実行しえないものであり、逆に、権力政治に対するもっとも鋭敏な感覚を必要とするものなのである。そして、最悪の場合には自らの手で自らの国を守るという決意がなくてはならない。ひところ、中立スイスを、権力政治の厳しい現実から離れた理想郷のように考える傾向があった。最近ではようやく、スイスが中立を守るために、いかに多くの防衛努力をおこなって来たかが認識されるようになったが、スイスが国際政治の力関係を利用して中立を守るためにおこなって来た外交的努力については、まだ認識が不足している。そうした努力については、田岡良一『永世中立と日本の安全保障』（有斐閣）が余すことなく描いている。

不可侵条約についても同様のことがいえる。ソ連との間に不可侵条約を締結しても、かつて日ソ不可侵条約が簡単に破棄されたことから見て意味がない、とする議論に触れて西春彦氏が述べていることはまことに興味深い。

「太平洋戦争が始まるときから、日本政府としては、この戦争で日本の国力が疲弊したならば、ソ連は満州その他にやってくるだろうということを想定していたのです。……だからこっちが忠実に条約を守り、バランス・オブ・パワーを失わないようにする。この点はソ連との外交の特質といってよいくらいだから、大いに用心すべき点である。がその覚悟があれば、ソ連と条約を結んでもいいと思う」（『中央公論』一九六一年一月号）

西氏は不可侵条約が無意味だといっているのではない。また逆に、不可侵条約さえ結べば丸裸でよいともいってはいない。条約はその背後の力関係が大きく崩れない限り有用であると述べているのである。日本には、一方では条約を神聖視して、条約さえあればそれでよいと考える人々と、条約などというものはあてにならぬから赤裸々な権力政治以外に国際社会のなかで生きる道はないとする人々とがある。明治以来、ずっとこの二つの態度が交錯して来た。しかし、それはともに間違っているのである。国際社会の現実と遊離した条約は意味を持たない。しかし、そうかといって、すべての条約が無意味であるわけではない。条約は現実を法的なものにし、強めるのである。

ついでながら、日米安保条約についても同じことがいえる。日本には日米安保条約さえ結んでいればよいかのようにいう人があるが、日本の安全は極東の情勢にかかっているし、日米関係は全般的な友好関係の有無にかかっている。日米両国の全般的な友好関係が崩れた場合、仮に日米安保条約があっても、それは意味がないのである。

外交政策の不在と外交論議の不毛

原子力潜水艦の寄港問題は、その安全性に焦点が集中するとともに、出口のない袋小路に入ってしまったと私は思う。この問題をめぐる討議は、はじめ、原子力潜水艦の寄港は、日本へ核兵器を持ち込む第一歩であり、極東の緊張を高めるものであるという社会党の反対論に始まった。政府与党はこれに対して、原子力潜水艦は核エネルギーで動くだけであってまったく通常兵器と異ならず、事前協議の対象にさえならないくらいだと、そっけなくこれをつっぱねていた。しかし、スレッシャー号の沈没という事故が起り、日本学術会議が、原子力潜水艦の安全性を自主審査できない以上、寄港に反対であるという声明を発表したことによって、がぜん原子力潜水艦の安全性に関心が集まることになった。この問題については、政府も今までのようにそっけない回答をくり返していることができず、国民の疑惑を解くべくPRにつとめている。こうして与党と野党の議論は安全性の問題において交わったのである。

しかし、この問題についてのはっきりした結論はおそらく出ないであろう。野党・学術会議などの批判勢力は、日本が自主的に安全審査を行なえない以上、あくまで安全性に疑義があるとして、原子力潜水艦の危険性を示す間接的データをあげるであろう。これに対して政府与党の側は原子力潜水艦の過去の実績がその安全性を示しており、かつ、米国政府の安全性の保証は同国の科学技術からいって信用することができると述べ、原子力潜水艦が軍艦である以上、入手できる資料には限度があると主張するであろう。両側は一枚ずつ切札を持っていて、どちらも相手に勝つだけの強さもなければ、負けることもない。

実際、善良な市民は、原子力潜水艦の安全性についてはっきりした確信を持つことができないであろう。得られる結論といえば、ほぼ安全ということで、したがって絶対安全と考えて安心するわけにもいかず、また、危険性もないとは言い切れないが、反対に踏み切らすだけのものではない。そしてこのどちらつかずの状態がしばらく続いた後で、国民がこの問題にあきたころ、政府は原子力潜水艦の寄港を承認し、この問題は終るであろう。

こうして原子力潜水艦の寄港問題という国防政策の重要政策をめぐる論議は、他のいくつかの問題の論議がそうであったように、不毛のままで終る可能性が大きい。現在の論議の状況は、「ほぼ安全、だが?」という問題について、片方は「ほぼ安全」ということだけを強調し、他方は「だが?」という面だけをとりあげて、自分の論議の支えにしようとしている状況だといえよう。どちらも、「ほぼ安全、だが?」という事実を一つのファクターとして捉え、その他の種々の政治的・外交的要因とあわせて総合的に判断するという態度はとっていない。

より広い視野に立てば、原子力潜水艦の寄港問題は、多くの重要な議論へと展開することができたものであった。日米協力はいかなる形でおこなわれるべきかは、何回かの議論を通じて確認されるべき多くの問題を含んでいるからである。しかし、実際には、そういう議論は生まれなかった。

しかも、このような状況はいままでにも、いくつかの問題をめぐって、何回となくくり返されてきたものなのである。いつも外交政策をめぐる論議は、重要というよりはむしろ衆人の注意を集める問題点について、一方はある面を、他方は全然別の面を強調したまま、議論はいっこうに高まらない、ということになった。そのうちに、問題点はすりかわってしまい、あるときは途方もなく抽象化され、壮大化され、あるときは今度のように行きづまり、矮小化されてしまう。

しかし、どうしてこのような状況がつづいてきているのであろうか。その理由は、対外政策の基本問題について、与野党が同一の出発点から、議論を始めていないということにある。つまり、個々の問題を検討する基準ともなり、出発点ともなるべき日本の外交政策が存在しないのである。だから、問題が起るごとに、そのあたり一帯がかき回され、たまたま耳目を集めた問題をめぐって大騒ぎがあり、それでおしまいになってしまうのである。長い時間を費してなされた議論は、いっこうに積み重ならず、したがって、政策を検討し、確認または修正するという議会の役割は全然果されないことになる。

私は、その原因は、与党にも野党にもあると思う。すなわち、ひとつには、形式的には存在する外交政策を、野党がまったく認めていないことである。他のひとつは、与党はその外交政策について、形式的には承認を得ていても、それが野党を承服さすに足るだけの実質を伴っていないことである。

与野党の持つこれらの欠陥は、私の見るところ、両党の体質に根ざしている。政党の役割は元来、世論と政治をつなぐ環として機能することである。しかし、それは残念ながら、まったく偏った仕方でしか果されていない。その機能障害が、外交論議に現われている、というのが私の診断である。

原子力潜水艦問題を含めて防衛に関連する問題の焦点は、どのような軍備をどの程度持つべきか、というものである。したがってそれは今までにすでに論議されているべき問題であるのだが、奇妙なことにほとんど論議されたことがない。この奇妙な状況はじつに大きな危険をはらんでいるし、今後核兵器が発達するにつれてますます問題になるだろう。たとえば、核兵器と通常兵器の区別である。たしかにこの二つを区別することは多くの論者が説くように、ますます困難なものになりつつある。そこから、あるものは通常兵器を含めた兵器の全廃を唱え、あるものは秘かにこの線を越えようとする。しかし私は、通常兵器と核兵器の間に一線を画することはかなりの期間にわたって重要であると思う。だがそれはどのような兵器を、どの程度持つべきかという議論を通じて人工的に確認され、整理されていかなくてはならないのである。

しかし、現在与党がとっている態度は核兵器を現に装備しているか否か、という杓子定規なものであるし、通常軍備も認めない社会党にとっては、核兵器と通常兵器の差をあまりに強調することは、自己矛盾を来たす恐れがある。反対の強さに相違こそあれ、社会党はこのどちらにも反対なのだから、社会党に、この二つを区別し、人工的に一線を画する努力を期待することはできない。この両党の態度からは、どのような軍備を、どの程度持つべきかについての国家的政策が生まれてくる可能性がない。

この事態への直接の責任は社会党にある。社会党は安保体制を否認する。安保体制が成立している今でも、社会党はこれを骨抜きにし、事実上消滅する方向に持っていくことをその政策としている。しかしこの政策は第二党（loyal opposition）としてとるべきものではないように思われる。一般の市民やその有志の集まりであれば、どのようなことを主張しようとさしつかえない。つまり彼らは異端者（dissent）であってもよいのである。

しかし第二党はそうではない。安保条約は少なくとも形式的には国民の多数によって承認されており、現在国家の政策となっている。その政策に反対し、それとは異なった政策を志向することは自由である。しかしその場合、あくまでも出発点は現在の政策、すなわち安保体制になくてはならない。そうでなければ社会党は多数を無視していることになる。①

もし社会党が、出発点は安保体制であり、それは国民によって承認されたものなのだ、ということを認識するならば、原子力潜水艦問題における態度もおのずから変ってきていたであろう。そこではどのような軍備が、どの程度必要かという問題に焦点が集中し、日本の防衛に必要か否かという見地から、それが議論されることになったであろう。それが問題への正攻法であったし、原子力潜水艦が含むさまざまな問題を掘りおこし、検討し、有益な結論が得られたことであろう。

同様のことは社会党がその政策としてかかげている中立政策についてもいえる。実際中立それ自体はシンボルとしての意味しかない。問題なのは現在の体制からいかにして段階的に中立という目的に到達するかということである。その間の変化は断絶を含むものであってはならない。それはアメリカとの関係を悪化させるから、というのではなくて、何よりもいったん国民の多数が承認した重要政策は、その改廃にあたっても尊重されるべきものだからである。

もしこの原則が守られなかったならば、二大政党下において政策の連続性はいかにして得られるであろうか。たとえばA政党が産業の国有化を行ない、B政党が次の政権でそれをご破算にし、A政党がまた次の政権で国有化する、という事態を考えて見よ。要するに社会党は第二党と異端の差をはっきりと認識していないのである。

知識人は異端であってよい。しかしその知識人によって支持される第二党はその意見にそのまま従っていてはいけないのだ。いかに異端者の説くゴールに共鳴しようと、第二党の任務は現状を認め、批判し、断絶的でない仕方で、そのゴールに到達する道筋を示すことなのである。この苦しい任務を怠った場合、政党は第二党ではなく、異端になってしまう。第二党とは明日にでも実現できることを語る政党であり、異端とは、いつ実現できるか判らない理想を語る人々である。ともにその独自の使命を持っているが、その機能は全然異なるものである。

この点イギリスの労働党は良い例を示している。一方的非核武装主義者のことは日本でもよく語られるが、しかしこの場合重要な事実は、それが決して労働党自体の政策とはならなかったことである。ゲイツケルは彼の政治生命を賭けて一方的非核武装主義者と戦ったといわれる。いかにその意図は気高くとも、それは英国の政策を全面的にくつがえすという点において、第二党であり、明日にでも政権につくかもしれない労働党の採るべき政策ではない、と彼は信じていた。

社会党の異端としての性格、すなわち現状を否認し、将来の目的だけを大きく掲げ、その間の具体的方策についてはあまり語らないということの欠陥は、社会党そのものの考え方と構造の中に根ざすものである。それはほとんどすべての労働組合の大会やその他の多くのサークルにおいて、話が世界情勢の確認から始まり、最後に組合独自の問題にふれるという、われわれがよく知っている事実から説明できる。

すなわちこの考え方は世界情勢の検討を通じてまずその立場を確認し、その確認された原則にもとづいて個々の問題を検討してゆく、というものなのである。極言すれば、そこでは安保・反安保は社会党員か否か、進歩派か否かのしるしとしての重要性を持っているのである。しかしその概念的態度のために、外交問題そのものについては具体性の欠如と見方の一面性にわずらわされることになるのである。

そしてこの事実は、社会党が他の、より具体的なしるしを持っていない、ということに関係している。中立政策というシンボルのほかに、国民は、社会党が天下をとった場合に、社会生活がこう変るという具体的イメージを与えられているであろうか。日本は高度工業国家の中でもっとも不平等な税制を持つ国の一つである。それへの対策をまとめ、基本政策として打ち出していくとか、社会にみなぎる不正をなくするとか、社会党が自己を同一化し、社会主義下の国民生活のシンボルとして打ち出していくものはいくらでもあるように思われる。しかしそれを社会党はやらない。

ある労働者の集まりの調査で、労働者の社会党政権について持っている最大の不安は、生活がどうなるかということであったが、これは笑話どころか、心の底から戦慄を感ずべき由々しき問題なのである。また原子力潜水艦問題についてはデモを組織することができても、都知事選挙におけるあの醜い違反に対してリコール運動もデモも組織できないことも、これまた精神的な歪みを現わすものでなくてなんであろうか。議論が抽象化の高みで行なわれ、現実はそこからの角度できめられるということの思考法はいつの世においても危険であるばかりでなく、今後来たるべき多元社会においてはとくに危険なのである。

構造改革をめぐる論議にしても、それは日本の国民生活の変化の中から生まれてきたというよりも、理論活動を通じて外国の理論を輸入したという感じが強い。したがって、それは一般国民にはわかりの悪いむつかしいことなのである。しかしそうであってはならないのだ。社会党は中立をそのもっとも主要なシンボルとするかぎり、政権はとれない。また、理論活動を通じて抽象化の高みから現実に接近しているかぎりは、構造改革であろうが何であろうが、国民の心をとらえるシンボルは出てこない。社会党が政権をとれるのは、社会主義のもとにおける国民生活が、具体的なイメージを持って国民に訴えるときであろう。しかし、社会党はまだそういうイメージを生み出すような哲学と力と構造を持っていないのである。

そのあせりが社会党にとって中立政策の重要性を過大ならしめ、妥協できないほどの重要さをもたせているのだ。そして、社会党が第二党として、どのような軍備を、どの程度持つべきか、という問いを発していないために、政府与党は健全な批判にさらされていない。政府は防衛が必要である、ということを証明しさえすれば、ほとんど何でもできる。それは、ますます大きな問題となりつつあるように思われる。

しかし、以上に述べてきた外交政策の不在という現象については、自民党の側により大きな責任がある。何故なら、自民党は野党を承服させるだけの実質的な世論の支持を集めていないからである。例を新日米安保条約にとろう。あの二百時間を越える国会の討議、百万人を越すデモのわずか五ヵ月後に行なわれた総選挙において、安保条約という外交の基本路線に対して国民がおこなった審判について、まったく正反対の判断が下された。自民党はあの選挙の結果をもって、安保条約が承認されたと主張し、社会党は中立政策を支持する勢力が強まった、とまるで正反対のことを述べている。

この場合、社会党の態度は少々おかしい。何故なら、社会党の議席が伸びたという算定の基礎は、分裂後の議席であり、分裂してできた民社党の議員のなかには、社会党の組織ゆえに当選した人が多数存在したのだから、選挙をやれば、これらの民社党議員が、組織を背景にした社会党議員に敗れることは明らかなことであった。しかも、あのように三対一の勢力比（得票率はそれに近い）で分れた場合、議席の獲得については、三の勢力を持つ社会党が圧倒的に有利だからである。さらに、三党首のテレビ討論で明らかであったように、民社党は社会党の外交政策に反対で、むしろ政府の外交政策に近かったのだから、社会党は二七・六パーセントの支持を受けたのに過ぎなかったのである。それに、いずれにしても、政府の外交政策を国民の大多数が支持したことは、政策決定上大きな意味を持っている。

しかし一方自民党の側も、あの選挙において得た支持が、その対外政策に対しての支持なのかどうかを、よく考えてみる必要がありはしないだろうか。選挙戦のさなかに中立論争がはげしく展開されたという事実からすれば、自民党へ投ぜられた票は、安保条約についての判断を経たものということができるだろう。

しかし、それにもかかわらず、自民党への支持はその低姿勢、所得倍増などの経済政策への支持であり、池田首相の見事なペース転換が勝因であるという議論が成立するのは、それが真実を含んでいるからであり、とくに、自民党のアキレス腱をついているからなのである。

たしかに、池田氏は首相に就任すると所得倍増計画を打ち出し、国民の関心を経済政策の方向に持っていった。それは危機に立った自民党の自然の反応であった。何故なら、この分野こそ、自民党、とくに池田首相のもっとも得意とするものであるからである。やがて、自信の回復につれて、池田首相は外交政策に目を戻し、社会党の中立政策を批判した。しかし、安保騒動後の、いわば自民党の危機において、争点を経済政策に持っていったことは重要な意味を持っている。たしかに自民党は票を集めることができる。しかし、それは外交政策そのものに対する支持を得ることはできないのではないだろうか。

その原因は、自民党という政治団体の組織に求められる。まず、自民党の公的な組織が弱いことは一般に認められている。それにもかかわらず、自民党が大量の票を獲得できるのは、国会議員個人の「後援会」が強く、深い根を日本社会にはりめぐらしている上に、さらに、全国理容環境衛生同業組合連合会など、自民党が大衆七団体と呼んでいる団体をはじめとして、数多くの圧力集団をその傘下に収めているからである。

このような「後援会」や圧力団体と、中央の党、それが支持する政府との関係は、升味準之輔氏が見事に指摘しているように、陳情＝利益の還流というパイプでつながれている。「政治化」という言葉が示すように、今日、政治は社会のすみずみまでその影響を及ぼしている。たとえば、肥料や米の価格についての政策決定は、農民一人一人の生活に密接に関係している。それはわかりやすい形での政治の現われである。ところが、戦後の急速な民主化が、主として私的利益の享受という次元で受けとめられたことによって、人々は自己の利害に具体的に関係するかぎりにおいて、政治に参加することになった。その代表的な形が陳情なのである。

これに対して、政治家の側においては、かつての名望家が没落したために、この陳情を取りつぐなど、多様な世話役活動を行ない、支配政党の地位を利用して作り出された利益を還流することによって、地盤を育成することになった。こうして、無数の世話役議員が生まれる。この場合、利益の造出、還流について、大きな権限を持っている官僚と、議員が協力することはいうまでもない。

もちろん、このような政治は接待などの小悪に始まって、さまざまな問題を含んでいる。しかし政府与党は、陳情＝利益の還流というパイプを世論との間に通しており、したがって、たとえ末端においてではあっても国民大衆を政策決定過程に参加させているために、国民の意思をある程度汲みとっている。そこに、自民党への支持の源泉があるのだ。じつに、戦後の日本のもっとも強いコンセンサスは、経済の復興、発展ということであったといえる。

しかし、問題の性質上この陳情＝利益の還流というパイプは外交問題については機能しない。外務省は国内に向って利益の還流をすることができない官庁なのである。そこで、自民党が政府と世論をつなぐ別のパイプを持っていないことの欠陥が現われてくる。陳情＝利益の還流という、安易な、しかし手堅い手段に頼っている自民党は、国民の間の漠然とした政治的意欲を吸い上げ、段階的な討議を通じて、これを綱領にまとめるという、本来の意味での政党活動をほとんど行なっていない。つまり、自民党は、本来の意味での政党というよりも、後援会と圧力集団の連合体なのである。したがって、利害関係の調節に関しては、かなり満足に機能するが、そうでない問題、とくに外交については、国民の支持を得るための機能をほとんど果しえないのである。

十九世紀以来、外交と世論をつなぐことは、西欧諸国の政党の、もっとも基本的な任務のひとつであった。いわゆる名望家議員たちは、そのエリート意識と威信の必要から、外交の重要政策を論じた。しかし、いまや名望家政党は崩壊し、機構政党はいまだ成立していない。機構政党には発展していない、圧力集団の連合体である自民党に、外交と世論をつなぐ役割は果しえないのである。政策と世論をつなぐという政党の基本的役割を、陳情＝利益の還流というパイプ一本に頼っている自民党のアキレス腱は、外交問題にあるのだ。

イギリスの議会は種々の問題について、外交と世論をつなぐ役割をかなり満足に果している。

そして、それが可能なのは、イギリスの政党が強固な組織を持っているからなのである。一九五六年のスエズ危機に際して、イギリスの議会は連日討議をつづけ、ついに政府に停戦を決意させるのに大きな役割を果した。このことはよく知られているが、しかし、その後で、イギリス保守党の地方組織で起ったことは、日本には知られていない。イーデンに停戦を決意させた大きな要因は、保守党の内部が割れ、外務省付のナッティング国務相などが反対したことであった。しかし、これら保守党のなかの反対派は、その後、彼の選挙区の党組織によってきびしく追及された。とくに、反対派のなかで指導的役割を果したナッティングを含む九人のうち、労働党の勢力が強く、選挙に勝つためには労働党に近い線をとることが有利な三地区を除いて、五人が次回選挙に議員候補として選ばれなかった。ナッティングは彼の選挙区の圧力に押されて議員を辞職した。

この事実はショッキングであり、それ自体は決して好ましいことではない。「タイムズ」は社説において、バークの有名な言葉、「議員は公共の利益を代表する」を引いて、これらの地方組織をいましめたし、その他の代表的言論機関もこれにならった。しかし、政党の地方組織が、各議員に対してこのように大きな力を持っていることは、近代機構政党を円滑に機能させるのに不可欠の条件なのである。たとえ、反スエズ派の議員への措置が行き過ぎであったとしても、こうして政策問題をめぐって党の統一が得られていてこそ、議会を中心として、政府決定が円滑に行なわれるのである。自民党がこのような強固な地方組織を持った近代機構政党からはほど遠いことはいうまでもない。

こうして、自民党が外交と世論をつなぐ働きをしていないために、政府はその機能をマスコミに頼っている。日本においても、アメリカにならって首相の記者会見が行なわれ、テレビで放送される。おそらく、国民大衆のなかには、国会の討論よりも、首相の記者会見を見た人の方が多いであろう。逆に、政府の政策に対する批判も、マスコミの上に現われ、人々に影響を与える。したがって、現在、外交政策をめぐる論争は、ほぼマスコミに集中しているといえるであろう。

今日、外交問題について、大衆に呼びかけるという仕事がきわめて重要であるため、首相や大統領がこの仕事を引き受け、外相は外交交渉を指導する役割に回っている。ケネディ大統領とラスク国務長官、ド・ゴール大統領とクーブドミュルビル外相、マクミラン首相とヒューム外相の関係をみればそれはよくわかる。

しかし、戦後の日本の首相のなかで世論との間に会話を持つことに成功した人はほとんどいない。池田首相が経済政策を問題にしたとき、それは賛否両論を集め、政府と世論の間に会話が成立した。しかしその後、池田首相がアメリカを訪問し、ヨーロッパ諸国をめぐり、「三本の柱」について語ったとき、同じような議論は生まれなかった。

その第一の理由は、自民党が供給しうる政治家のパーソナリティである。現在の自民党の体質からすれば、政党の世話役活動から生まれる世話役政治家と、官僚制が提供する秀れた行政家タイプの政治家は生まれるであろうが、大衆に呼びかける力を持った大衆政治家は出現しがたい。それに、たとえ自民党内に、大衆政治家が出たとしても、彼はおそらく首相になれないだろう。首相になるためにもっとも要求されることは、派閥の間の均衡を巧みにとることであるし、それは大衆政治家にとってむしろ不得手なことだからである。

この派閥の存在という第二の理由が、外交問題について与党の足なみを狂わせ、世論に対する首相の訴える力を減ずる働きをしている。たとえば日ソ国交回復に際しては、吉田派が鳩山内閣の外交の足を引っ張ろうとしたし、一九五五年、安保条約改定の交渉に手をつけるに際しても、ワシントンで醜い派閥争いが演ぜられたことは、大森実氏が「中央公論」（一九六二年九月号）に書くとおりである。

第三に、世論のなかに、健全な批判的機能を営む力が弱いということである。なされる発言は政府の外交路線に対する正反対の議論か、さもなくば訴える力の小さい現状維持説に終っている。こうして、外交論議が現実の認識にもとづかず、現実と理想の間の激しい緊張関係を理解したものでないことは、たしかに批判されるべきものである。しかし、それは私が次に述べる政府の世論に対する態度との間の、一種の悪循環であることが注意されなくてはならない。

もっとも基本的には、大統領が直接大衆に呼びかけることを軸として動く、外交と世論の関係のアメリカ型は、日本の政治機構そのものが異なるために、はっきりした限界を持っていることが重要である。首相が議会のなかで間接選挙によって選ばれる場合には、どうしても首相と国民大衆との直接の結びつきは弱くならざるをえない。したがって、もし議会と政党が世論と外交をつなぐ役割を今後も果しえない場合、日本の政治が、フランスのように大統領制に近づいて行くことは十分考えられる。

外交と世論を結びつける機能を自民党が果さず、一方マスコミを通じての関係も希薄という状況において、政府の世論に対する態度は、岸首相の有名な「声なき声」の支持という言葉に端的に表わされている。積極的な反対はあっても、自分たちは、静かな、消極的な、しかし多数の支持に立脚しているのだという意味において、この考えは、それが語られなくなったいまでも、多くの政策決定者の頭にあると思われる。

実際、この考えは、それが語られた雰囲気やその語感が示すほど非科学的なものではない。それが言わんとすること、すなわち、ひとつの議論として述べられるほど力のあるものではないが、漠然とした、むしろ実感に近いものの、かなりの部分が、政府の外交路線を支持するか、またはやむをえないものとして認めていることはたしかに事実なのである。それに、陳情＝利益の還流というパイプを通じて、自民党の支持層となっている人々は、外交問題についても、自民党政府の政策に反対しないであろうし、消極的な支持をあたえるであろう。かくして、「声なき声」の支持はたしかに存在するのである。もしそうでなければ、あの安保闘争の後で、自民党が前と同様の支持を受けたことが説明できないではないか。

こうして、「声なき声」の支持にもとづき、しかしながら安保闘争のような大衆運動の盛上りを恐れて、日本外交は重要な政治問題については、現状維持に近い、慎重な態度をとり、その主要な努力を、世論の支持をさして必要としない技術的な外交、たとえば経済外交に向けるだろう。そして、この方面において、日本外交はたしかに秀れた能力を持っている。その例は、ヒューム英外相の来日からクーブドミュルビル仏外相の離日までの三週間あまりの招待外交を機会として、ヨーロッパ各国がガット三十五条を次々と撤回し、日本が西欧貿易に対等に参加する道が開けつつあることである。この西欧諸国との関係における成功は、日本経済の復興に裏づけられながら、日本の外交官たちが根気強い交渉を何年かの間つづけてきたことによるものと考えられる。

昨年秋の池田首相の訪欧から、今春の英仏外相の来日、そしてＯＥＣＤ（経済協力開発機構）への加入にいたる過程について、私にはその間の外交官の活躍を証拠だてる外交文書を見ることはできないが、常識として、こうした外相の訪問が突然行なわれるはずはなく、それまでには根気強い外交交渉が行なわれて、いくつかの問題についての瀬踏みがされなくてはならないことが理解される。

また、外交にはタイミングと見通しが重要であるが、この点もよかった。外務省を中心とする日本の外交政策決定者は、キューバ事件後の世界情勢の焦点は、二つの陣営間の対立よりも、むしろ、それぞれの陣営のなかにおける、さまざまな利害や主張の調整にあると考えていたように思われる。すなわち、中ソ論争は本格的な論戦となるであろうし、西欧陣営においては、欧州統合の問題をめぐって、アメリカ、イギリス、フランスの意見の調整が、かなりの混乱をもたらすであろう。そこにおいて、問題の渦中になく、したがってより自由な立場にある日本は、仲介者に近い位置に立つことになるから、日本外交は活躍するところをうるであろう。このような見通しは正しく、その結果として、日本外交はその宿願を果しえたのであった。

しかし、問題は、こうして職業的外交に、いわば逃避していることだ。「声なき声」の支持の理論の最大の問題点は、政府決定についての閉鎖的な態度である。この考え方によれば、政府は世論に積極的に働きかけず、他方国民に要求されている役割は、意見を述べ、政策決定に積極的に加わるということではなくて、形成された政策に対して、イエスかノーかの意見を表示することにある。政府はこういう消極的な賛成で満足し、むしろそれを好んでいるのだ。したがって当然、得られる支持は形式的なものになり、相手を承服させる実質を伴わないことになる。

そうした考え方が基礎にあるから、どのような軍備を、どの程度持つべきかという問題にしても、政府与党の側から、それを論議する方向に持ってゆく努力が、全然なされていないのである。

また、国会の外交委員会においての、問題点をあいまいにし、相手をはぐらかすような答弁にもそれははっきりと現われている。彼らは、国会の外交委員会が政策決定について実権を持ち、そのために彼らの職業的外交が乱されるのを嫌っているのである。それは間違ったくろうと意識であり、残念ながら、多くの人が指摘しているように、外務官僚にはそれが強いのである。

政府の態度がこのようなものである場合、健全な批判勢力が世論のなかに生まれることを期待するのがそもそも無理である。それは、原子力潜水艦の寄港問題にも見られる。原子力潜水艦の寄港について、学術会議がおこなった反対には、たしかに問題があるかもしれない。しかし、あのような全会一致の反対をさせるようにした理由は、原子力潜水艦について、「科学的見地から公式に安全性の検討と確認を行ない発表すること」を求めた学術会議の要求に、政府がまったく答えなかったことにある。政府は、学術会議の提案をなんらかの形で受け入れ、この問題について学術会議などに、もう少し責任ある役割を与えるくらいのことを考えてもよかったのではないか。政府が学術会議を政策決定過程から除外したことは、学術会議が健全な批判勢力となる機会を奪ってしまったのである。

こうして、外交論議と外交路線が、あたかも全然別物であるかのように、平行線を走りつづけるという奇妙な現象は、ここ十年以上もつづいているのだ。政府の方に多少言い分があるときも、ないときも、基本的なパターンは同一である——政府の外交路線にかならず反対する一団、慎重論から反対論にいたる外交論議、それとは無関係に走りつづける外交路線、そして「声なき声」。

この悲しむべき状況を、どう考え、どう対処していったらよいのか。答えは私の分析の中に含まれている。長期的には、自民・社会両党の体質改善が必要である。世論と政治を結ぶ環としての機能が、きわめて偏った仕方で果されている現状が正常化されていくにつれて、外交論議も正常化されるであろう。問題を短期的に限るならば、与党・政府の責任はいちじるしく大きくなってくる。首相は国民に率直に呼びかけ、その政治生命を賭けてリーダーシップを発揮すべきであるし、与党は派閥争いを外交にまで持ち込むべきでない。

しかし、それに先立って、政策決定者のなかで依然として強い「声なき声」の支持の哲学と、外務官僚のなかの誤ったくろうと意識が捨てられなくてはならない。世論に呼びかけ、話し合い、そこから支持を得てくるには、外交政策決定過程についての閉鎖的な考え方が最大の障害となっているからである。

私は現在の状況を、外交政策の不在として捉えた。そして、外交政策不在の原因を、形式的には存在する外交政策が十分な世論の支持を得ていないことに求めた。たとえていえば、現在の日本外交は、馬力の小さい飛行機のようなものである。それは世論の後押しという推進力を持っていない。そうではなくて、外交が世論の強力な支持を得たとき、日本は外交政策を持つといえるようになるのだ。そして、そうなってはじめて、日本は冷戦下の極東という悪い気象条件のなかで、みずからのコースを定めて飛ぶことができるであろう。

(1) 日米安保条約がいちおう国民によって承認されていること、それゆえ、社会党は将来の政策を論ずるにあたってそこから出発しなくてはならないことは、世論調査から見てもいえることである。たとえば最近の調査である昭和四十三年十二月の『朝日新聞』の世論調査を見ると、

――日本の国を守るためには「アメリカに頼った方がよい」という意見と、「中立の立場を守った方がよい」という意見があります。あなたはどちらの意見に賛成ですか――という問いに対しては、

アメリカに頼る	二四%
中立を守る	五八%
その他の答	六%
答えない	一二%

であって中立志向が強いが、日米安全保障条約への現在の選択として、

――日米安保体制は、結局のところ、日本のためになっていると思いますか、それとも、日本のためになっていないと思いますか――という問いを発する場合には、

なっている	三三%
なっていない	二九%
その他の答	七%
答えない	三一%

となって、いちおう安保体制を認めるものの方が多い。一九七〇年における選択については、

長期固定	四%
自動延長	一五%
有事駐留に改定	一三%
すぐにやめないが機会をみて変える方向へ	四二%
やめる	一二%
その他	一四%

であり、毎日新聞昭和四十四年一月二十二日発表の調査では、

長期固定	一一%
自動延長	三〇%
米国とのつながりを弱めるよう改正	二三%
条約解消	一四%
その他	二二%

となっていて、少々ニュアンスはちがうが、日米安保条約を一九七〇年に即時に廃棄するという意見は少ない。つまり、日米安保体制は望ましいものではないが、現在のところはいちおう認めるというのである。それゆえ、国民的合意を作るためには、自民党が国民のなかの中立志向をより重視することとともに、安保体制がいちおう承認されていることを社会党が認めることが必要であるといえる。また、そうすることによって初めて、社会党は安保体制から中立に移行する具体策を検討し、提出することができるであろう。

ただ、その場合、もうひとつの問題として社会党が非武装ということを狭義に解釈し、それにこだわっていることが出てくる。たしかに、安全保障の中心は軍事的な努力ではなく、それはきわめて限られた役割しか果たさない。私もこの書物で、日本の軍事力の持つ意味を侵略の「代価」をたかめることと規定した。だから、賢明で慎重な外交によるならば、日本が軽武装中立をとることもできるだろう(それが有利な外交政策であるか否かは別問題である)。しかし、まったくの非武装は国家として考えられない。短時間のうちに占領されるようなことを防ぎ、国内の治安を維持するために、ある程度の軍隊を持つことは避けられないのである。それは憲法にも反しないし(たとえば、上述の『朝日新聞』世論調査によれば、自衛隊を憲法違反とみるもの一七%に対して、違反ではないとするもの四〇%である)、世論にも反しない。実際、社会党のなかにも、そうした警察予備隊的なものの必要を認める人はいるし、非武装中立を説く学者のなかにも、日米安保体制とセットされないある程度の軍事力を認める人がすくなくないのである。社会党が軍事力の問題についてそのような態度をとれば、現時点での防衛論議を具体的におこなうこともでき、そして社会党が政権をとったときには自衛隊の解散などという断絶はなく、その改造がおこなわれることが明白になり、社会党の議論は説得力を増すように思われる。

二十世紀の平和の条件

平和という問題について、日本の多くの人々を支配している考え方は、「草の根」運動主義とでもいうことができるものである。それは、一般大衆の平和を求めるささやかな願いの結集が平和をもたらすという考えであり、論壇人から一般市民にいたるまで、大多数の人がこの考えを暗黙のうちに認め、それを前提として平和の問題を考えているように思われる。この「草の根」運動主義は、原水協の起源の説明にも現われている。安井郁氏によれば、原水爆禁止運動は、東京都杉並区公民館長室を仮事務所とし、杉並区の主婦や母親たちの奉仕によって始められたという。そして、その素朴さと清純さのゆえに多くの人々に訴え、原水協にまで発展したのであった。

この物語が原水協の起源のすべてを説明するかどうかはさておいて、それが原水協の少なくとも半分以上を構成する真面目な平和運動家たちの思想を表わしていることは疑いない。したがって、原水協が混乱状態に陥ると、この「草の根」運動主義がふたたび強調されるのは当然なことでもあり、健全なことでもある。しかし、ここで問題になるのは、それが当然の前提として受け入れられていることではないだろうか。それは、疑いもなく基本的には正しいが、政治という状況においてすべての思想がそうであるように、但し書を必要とするものなのである。そして、この但し書を忘れた場合、それは人々の善き意図にもかかわらず、歪んだ政治的結果を招くのである。

　真面目な平和運動家の言動から判断して、「草の根」運動主義と私が呼んだ思想は、三つの命題から構成されていると言えるであろう。

　その一、世界各国政府の権力政治ではなく、平凡な市民たちの平和を求めるささやかな願いが、平和を建設する力である。

　その二、この願いは平和を求める世論として、やがて平和を建設する個々の具体的方策についても、正しい結論を見出すであろう。

　その三、こうして作られた正しい世論を、世界各国の政府は遅かれ早かれ尊重しなくてはならないであろうし、また尊重すべきである。

　すなわち、権力政治の否定と道義主義の肯定、世論の正しさに対する確信、世論が終局的には支配するという信念、以上三つの命題が、現在日本の平和運動の暗黙の前提となっている。そして、世界各国に対する一般的、道義的アピールを中心とした運動の有効性に対する信念は、これらの基本的前提にもとづいているのである。

　ところが、この三つの命題はすべて、一定の条件の下においてのみ妥当するものであるし、現在の世界政治の現実は、これらの命題の正しさに深刻な疑問を投げかけているように思われる。もっとも明白に事実と反するものは、疑いもなく第三の命題であろう。それは、一九六一年の八月、ソ連が核実験を再開したときの状況によって、痛々しいまでに人々の目の前にさらされた。大宅壮一氏も書いているように、ソ連人民のすべてが「平和と友好」について語ることは周知の事実であるし、その他多くのルポルタージュが示すように、この平和への願いはたしかに真実のものであろう。しかし、そのソ連において、核実験再開に対して反対の声があがらなかったことは、何としても見逃せない事実なのである。より正確に言えば、彼らは反対の声をあげることができないのだ。たとえば、全学連の学生三人が核実験反対のビラを撒いたときにも、「全面軍縮と平和のための世界大会」に出席していた西欧の青年二十数名が「赤い広場」でデモをしたときにも、ただちに多数の警官が彼らを取り巻き、取り押えてしまった。こうして、政府の政策に対する批判が許されていない国において、はたして政府は世論に従うということが妥当するであろうか。もちろん、ソ連においても「雪どけ」と呼ばれる現象が起ってきたように、自由を求める人間の欲望は抑えがたいものを持っているから、非常に長い目で見た場合、政府は世論に従うということは可能かもしれない。しかしこの場合にはすでに、非常に長い目で見た場合という不確定な時間の要素が入ってきていることが注意されなくてはならないのである。

第二に重要なことは、求められるべき平和が、無色透明の、いわば抽象的な平和ではなくて、具体的な内容を持った平和であるということである。この意味において、平和運動の第二の命題、世論は平和を建設する個々の具体的方策について正しい結論を見出す、ということが問題になってくる。今日、アメリカにおいても、ソ連においても、ごく一部の人々を除いて、すべての人が平和を欲していることは事実である。しかし、その平和を達成するために、アメリカ国民が必要と考えている方法と、ソビエト国民が抱いている考えとは同一ではない。しかも、この考えの相違は、思想の交流や人物の交流ということで簡単に解決するものではないのだ。第一に、十分な交流は容易におこなうことができるものではない。次に人間の思想は、全面的にではないにしても、かなりの程度まで、彼が置かれた環境によって定められる。とくに、現代のナショナリズムが持っているすさまじい同化力は何人も否定することができないであろう。したがって、小田実氏のように、アメリカ人はたしかに平和を欲しているが、ある一つの平和への方法で彼らに正しいと思いこませるアメリカの理想主義に問題があるという、一見途方もないような発言がなされ、しかもたしかに的を射ているということになるのである。理想主義的な世論が存在するだけでは、決して平和は保障されないのだ。何故なら、平和への過程は、具体的かつ段階的なものなのだし、この具体的手段についてこそ、さまざまな国の世論は、さまざまな、そして、しばしば相対立する結論を生みだしてくるものなのだからである。

したがって、平和についての道義主義的な哲学の問題点は、現代の政治状況においては決して有効ではない世論の力に疑問を投げかけることなく、かえって、その力を過大に評価しつつ、それを前提としていることにある。その意味では、平和運動の哲学は、国際政治におけるユートピア思想の基盤を構成してきたリベラリズムの一変形であると言えよう。世論の正しさと世論の支配とを前提とするこのリベラリズムの哲学は、十八世紀にルソーやカントによって準備され、十九世紀を通じて発展し、二十世紀には国際連盟という形をとることになった。戦争は君主が彼ら自身の利益のためにおこなうもので、人民は戦争によって被害を受けるだけだから、人民は戦争を欲しない。したがって、世論が力を発揮しうる共和政体のもとでは、世論は戦争を防止することができるであろうというルソーやカントの考えは、「国際連盟の用いうるもっとも有力な武器は、経済的なそれでも、軍事的なそれでも、またそのほかいかなる物質的な力を持つ武器でもない。われわれが有するもっとも有力な武器こそ、世論という武器である」というセシル卿（イギリスにおける国際連盟の強力な支持者）の言葉に、いわば純粋培養した形でくり返されているのである。

しかし、国際連盟の支持者たちは彼らの時代とルソーやカントの時代の相違に注目せず、その結果、この相違のために同一の政治理論がまったく異なった結果を生むことを見逃してしまった。二十世紀の国家においては十九世紀の国家とは異なり、ナショナリズムが大衆国家という現象と結びつくことによって、世論をきわめて有効に操作することができるようになっていたし、熱狂した国民の意見が社会を支配するという形で専制がおこなわれるというまったく新しい現象が生じていた。それが典型的な形で現われたのがナチズムであり、このナチズムの嵐の前に、国際連盟の基礎となっていたリベラリズムの哲学は、木端微塵にくだけてしまったのであった。

しかし、ファッシズムとの戦いが終りに近づくとともに、リベラリズムの哲学はアメリカの国務長官ハルなどを中心として復活してきた。それをもっとも典型的に表現したものはユネスコ憲章やその他のユネスコの諸研究であったが、敗戦後の暗い現実のなかに生きていた日本の知識人は、その哲学をむさぼるように吸収したのであった。こうした歴史的文脈において見るとき、戦後の日本の平和運動がリベラリストと呼ばれる人々によって始められたことが理解できるであろう。「平和問題談話会」のメンバーを構成したこれらの人々は、「戦争は人の心の中に生まれるものであるから、人の心の中に、平和のとりでを築かなければならない」というユネスコ憲章の言葉に、彼らの代弁者を見出したのであった。

しかし、まもなく冷戦が始まり、このリベラリズムのばら色の夢は崩れ去ってしまった。権力政治に代って、世論に支えられた国際連合が国家間の関係を規制するという理想は、核兵器を持ってにらみ合う米ソ両強国の対立という、恐るべき現実によって代えられたのである。その結果平和の思想は、より困難な状況において苦しまなくてはならなかった。日本においても、平和についての哲学はリベラリストの理想主義的な哲学から、「核平和主義」とエッツィオーニが呼んだところのものに変化していった。すなわち、核兵器の脅威が強調され、その非常な破壊力を考えると人類の最大の課題は破滅を避けることであるという主張が支配するようになった。リベラリストたちの基本的な姿勢がばら色の夢の建設であったのに対し、核平和主義者のそれは抵抗、すなわち、破滅に引きずり込もうとする力への抵抗であると言えよう。

しかし、この強調点の相違にもかかわらず、核平和主義は、結局世論の力をその拠り所としている点で、リベラリズムの一変形であることは変りない。したがってそれは、私が先に述べた問題点を持っているのである。ソ連のなかで有効な平和運動をおこなうことができないという事実は、アメリカの世論が狭いアメリカ的立場を越えうるかどうかという疑問とともに、世論の力をその拠り所とする平和運動にとって、なんとしても避けることのできない問題なのである。しかし、素朴な、道義主義的平和主義者は、政治体制にからまるこの厄介な問題を無視してきたように思われる。だが、世論の有効性について考えてみようとしない平和への努力は、「世界各国の政府と国民に訴えましょう」というアピールをくり返すだけで、有効な力とはなりえないのである。

否定することができない事実は、平和を求める世論は平和の原動力とはなっても、平和に直結するものではない、ということである。平和への道はけわしく、曲りくねっていて、抽象的で理想主義的な世論が、単独で、その道案内を間違いなくすることが保証されているわけではないのである。こうして、権力政治を否定する立場に立つ平和運動は、深刻なジレンマの前に立たされることになる。権力政治を否定する立場をあくまでもとりつづけて純粋性を保ち、ひとつの賭をするか、それとも、権力政治と妥協するとしても、いかなる形でするか。権力政治と妥協するか。これはたしかに難問である。そして人々の平和に対する態度が分裂するのは、この問題を前にしてであるように思われる。

賭の立場、すなわち、あくまでも権力政治を否定し、それによって核戦争の脅威に対する抵抗の立場を貫こうとする立場は、一方的軍縮論者によって代表されている。軍拡競争という破滅への道からの唯一の逃げ道としての軍縮を、西側は一方的にでも行なうべきだとするこれらの人々については、すでに多くの紹介もあり、鋭い批判もなされている。しかしこの場合、注意されるべき二つの点があるように思われる。第一に、彼らのプログラムに従えば、一方的軍縮がいかなる世界を生み出すかは、完全にソビエト政府の態度にかかることになり、他の諸国はまったく無力になるということである。第二に、とくにこの論文の文脈において重要なことは、一方的軍縮論者の考え方が、世論の有効性の問題、とくに、ソ連のなかにおける世論の有効性の問題に、おそらくは意識的に、触れていないことである。彼らの考えにおいては、ソ連国民の世論がソビエト政府を動かす可能性はアプリオリに除外されているか、もしくは不問に付せられているのである。

しかし、それは疑いもなく、リベラリズムの奇形的な発展であり、絶望的なあがきである。一体彼らはどういう根拠で、世論がアメリカ政府を動かして一方的軍縮をさせることができると思っているのだろうか。そしてまた、もしそれが可能なら、その同じ世論がどうしてソビエト国民のなかに生まれ、ソビエト政府を動かす可能性を考慮しないのか。そこには、世論の力に対する真の確信はもはや見られず、したがって自己の行動の結果に対する自信も責任も見られない。それはリベラリズムの自殺なのであり、全面的降伏なのである。

日本には、一方的軍縮論者はいないかもしれない。しかし、その哲学はかなりの影響を与えている。したがって、一方的軍縮論者の例から次のことを学ぶことができる。われわれが世論の有効性という基本問題を忘却した場合には、つねに平和への努力は絶望的な抵抗運動に堕ちて行くのである。たとえば、日本の外交政策として説かれている非核武装宣言や核非武装地帯という方法は、その内容と実現の仕方によっては、きわめて建設的な平和へのアプローチとなるにもかかわらず、ある場合には、一方的軍縮論者と同様の絶望的な抵抗運動になってしまう可能性を持っている。そして権力政治が支配する国際政治において、はとのような善良な動機から出発した行為が、へびのような狡猾な立場からする行為と同一の結果をもたらすこともあることが忘れられてはならない。

この点に関して、一方的軍縮論者のプログラムに従えば、未来を決定する権限は完全にソビエト政府に委ねられる結果になることが想起される。したがって、それがもたらす結果から判断するならば、一方的軍縮論者の主張は、戦争の根源を資本主義体制、帝国主義体制に求め、社会主義国は体制の本質上平和的であるとする、偏向的平和主義者の説くところと同一ということになってしまう。

彼らはともにソ連に未来を委ねているのである。何故、このような妙なことが起るのだろうか。それは、彼らが平和への飛躍を望むあまり、すべての軍縮が権力政治的行為であることを忘れているか、もしくは意識的に拒否しているためなのである。

軍縮とは、双方の軍備を平行的に削減することを意味する。しかしそうでなく、一方の兵力がより多く削減された場合、それがもたらす結果は、他の側をより強大にすることであり、したがって他の側が軍備拡張したのと等しいことになるのである。この事実は、二十世紀後半における産業力の発展と、国民を動員する能力の異常な増大によって、軍拡がほとんど無制限に可能となりつつあることを考えると一層重要である。何故なら、その場合もっとも有力な権力政治的行為は、相手側の軍備を減らすことだからである。したがって軍縮という行為の動機の崇高さだけから、無条件にそれを肯定することは明らかに正しくない。

かくて、二十世紀後半における平和への努力には、次のようなパラドックスがつきまとっている。すなわち、その哲学において権力政治を否定し、その動機においても、行動においても、排他的に道義的な行為は、もっとも権力政治的な結果をもたらすということである。

平和への努力が有益な結果をもたらすためには、権力政治への理解に立脚しなくてはならない。たとえば軍縮についても、すべての軍縮が平和に役立つのではなくて、ほぼ均衡した軍備縮小だけが平和に役立つのである。

この事実は、とくに日本にとって重要な意味を持っている。何故なら、核非武装地帯案を例にとってみても、この案によって軍事的にその力を削減されるのは、主としてアメリカなのであり、したがって結果的にはソビエト側に軍事的な利益を与えることになるからである。しかしながら、すべての核非武装地帯案が、そのような結果をもたらすものではない。たとえ、アメリカ側にとって、軍事的には多少マイナスであっても、政治的、経済的な種々の要因を考慮に入れた場合、実行不可能ではなく、さらに極東における勢力均衡を大きく変えるという権力政治的効果を及ぼさずに、その緊張を緩和する方策も考えられるのである。しかし、このような方策を探し求め、実現していくためには、権力政治の深い理解が必要であり、その場合、権力政治をアプリオリに否定する哲学が大きな障害となるように思われる。

こうして、現在の日本の平和運動の前提となっている命題のなかでもっとも基本的なもの、すなわち、権力政治の否定と道義主義の肯定の立場が問題になってくる。もちろん、権力政治の否定の立場には、限りなく多くの変種があるが、ここで批判の対象とされているのは、すでに指摘されてきたように、権力政治のアプリオリの否定なのである。ところが、このような権力政治のアプリオリの否定がなされるのは、結局のところ、世論の正しさとその力への反省、すなわちリベラリズムがよって立つ基礎、そのレーゾン・デートルへの反省が欠如していることにあると考えられる。世論の有効性に対する反省を欠くがゆえに、世論への盲信と権力政治の単純な否定が生まれるのである。

この点、リベラリズムの国際政治観の基礎を作ったカントは、世論の有効性の問題と正面切って取り組んでいる。彼はその著書、『永遠平和のために』のなかで、永遠平和のための確定条項として、まず、「各国家における公民的体制は共和的でなければならない」と規定しているが、それは、世論が戦争を防止するために必要な力を持ちうる条件を規定したものなのである。彼の言う共和的とは、㈠人間の権利を保証する法によって規定された自由、㈡権力の分立、㈢自由選挙と代議制をその特徴とするものであるが、そのような体制においてはじめて、世論は戦争を防止するだけの力を持ちうるものと考えられたのであった。共和的体制とは民主的体制と同一物ではなく、人間ではなくて法が支配する体制なのだから、多数の専制がおこなわれる今日の民主政治は、カントの言う共和的体制には入らないかもしれない。したがって、世論が平和を守るための力を持つためには、どのような体制が要求されるのかということが、永遠平和の基本的条件として検討されなくてはならないであろう。しかし、それはさしあたって問題ではない。重要なことは、カントが世論を平和の原動力とみなすだけでなく、世論の有効性という問題と真剣に取り組んだ点にある。

彼はその努力を通じて、永遠平和のための条件が容易にはもたらされえないことを認識することができた。したがって彼は、すべての民族が自由にして共和的にみずからを統治するまでの長い過渡期の矛盾を想定することができた。そのゆえにこそ彼は、永遠平和が現実化されるためのプログラムを与えようとはしなかった。彼は人々を現実と理想の激しい緊張のなかに残しておいたままで、書物を終えてしまっているのである。

したがって、われわれがカントの『永遠平和のために』から学ぶことができるもっとも重要な教訓は次のことである。世論に対する素朴な信念から出発した平和への努力は（その起源を国際連盟に求めるにせよ、日本の場合のように敗戦後に求めるにせよ）、現在、冷厳な国際政治の現実を経験し、平和を求める世論はそのまま平和に直結するものではないというにがい真理に直面している。そのときにあたって、一方的軍縮論というリベラリズムの自殺行為へと走ることなく、また、現在の体制を否定したあとでこの地上に理想郷が出現するという終末論に魅せられることもなく、真のリベラリズムの精神を生かすためには、まず、リベラリズムの存在理由ともいうべき世論の有効性に対して、仮借なき反省を行なうことが必要である。そうすれば、権力政治の単純な否定に代って、権力政治への深い理解が生まれ、理想への一途な夢からさめて、理想と現実との間の激しい緊張関係のなかに立つことになるであろう。そうすれば、永遠平和への過渡期において、一歩ずつ永遠平和に近づくための過渡的平和条件を見出すことができるであろう。平和に対するこのアプローチは、全体主義の試練を経験し、核時代に生きるリベラリズム、いわば核リベラリズムとでも呼ぶことができるであろう。それでは、平和の問題に対して、核リベラリズムはどのような回答を提出することができるであろうか。

国際政治の現実のなかで世論が果しうる役割についての、きびしい検討から出発する核リベラリズムは、現在の国際政治における平和への努力が、二つの、まったく異なったレベルにおける努力から構成されていることを認識する。第一のレベルの努力は、世論が権力政治に対して、具体的かつ個別的な影響を与えるような活動であり、第二のレベルの努力はそれ以外の活動である。この場合、軍備撤廃や核実験停止を求める行動は、それが原則的、一般的なものである限り、第二のレベルに属するものと考えられる。その目的とするものは全般的なものであり、したがって、第二の国際政治に対して、権力政治的な影響を与えるものではないからである。したがって、世論の訴えが、どこにおいて、どの程度効果を持つかという問題を一応度外視して行動することができる。

しかし、活動の内容が具体的、個別的になると、その性質は異なったものとなる。一定の地域を核非武装地帯にしたり、兵力引離しを行なうことを求める活動は、その具体的内容によっては、きわめて不均等な効果を与える。すなわち、権力政治的な影響を与える。したがってそれは、まったく異なった態度でなされるべきものである。とくにこの場合、世論が何をなしうるかの認識が重要な意味を持ってくる。何故なら、世論が実際に力を持ちうるところでは、その与える影響も大きいからである。

日本について考えると、日本の世論は、正しい哲学と正しい方法をもってすれば、日本政府の政策に対して影響力を持つことができるし、政策そのものを作ることも決して不可能ではない。しかし、その日本の世論をソ連の内部で自由に広めることはできないし、朝鮮や台湾についても同様である。日本との間に盛んに人物の交流がなされ、言論の自由が認められているアメリカでは、日本の世論はより大きな影響力を持つであろうが、多くの人が指摘しているように、アメリカ人の平和に対する考え方と日本人のそれとの間に大きな相違が存在することも事実である。

したがって、第一次的には、日本の世論が具体的な衝撃を国際政治に与えることができるのは、日本政府の外交を動かすことによってなのである。ここにこそ、平和への努力がたんなるアピールにとどまらず、実際の行動をもって話しかけることができる貴重な可能性がある。しかし、日本の外交を動かすことによって与えうる衝撃は、必然的に個別的なものであるから、それが実際に可能であるためにも、また、国際平和に対して好ましい衝撃を与えるためにも、権力政治の深い理解が必要となってくる。たとえば、日本独自の行為としておこなうことのできる非核武装宣言と、その後に来たるべき第二段の目標としての核非武装地帯と兵力引離しについて考えてみよう。現に日本は核武装をしていないのだから、非核武装宣言こそ、手始めとして着手することができる比較的容易な方法と考えられるからである。

しかし、この問題はじつは慎重な軍事的問題の検討を必要とする。何故なら、原子力潜水艦の寄港問題やF105の配置に際して明らかになったように、核兵器と通常軍備の間の線はきわめて微妙なものである。将来、核兵器はますます小型化し、その運搬機械も進歩するから、それにつれて、ほとんどすべての軍備が核弾頭を運びうるものになるであろうし、そうすれば核兵器と通常軍備の差はますますあいまいになるであろう。この一線はだれの目にも明らかなものではなく、むしろ人為的に引かれ、人為的に確認されなくてはならないものなのである。そして、国家の政策として確認されない限り、なし崩し的に核武装がなされるという可能性はたしかに存在するのである。[1]

しかし、そのことは、核武装の意味を最大限に広く解釈して、F105のように、水爆運搬能力があるだけで、核装備につながると主張することが良いわけではない。それは、在日米軍を無力化し、実質的に安保条約の破棄をもたらすものであり、それは軍事同盟反対の一つの手段として使われた核武装反対であって、このようにかくれた目的を持つ行動は、核武装と通常軍備の間に一線を引くことを助けるものではない。軍事同盟反対は、軍事同盟反対として説くべきであると思う。現に核武装をしていない日本が、その原則を貫くために必要なことはいかなる軍備を持つべきかを論議することである。その結果、日本の軍事政策が作られ、それによってはじめて、核武装をしないという政策は具体性を持ってくるのである。

しかし、いかなる軍備を持つべきかということを検討して軍事政策を定め、それによって非核武装という政策に具体性を持たすことは、あくまでも過渡的な政策に過ぎないのだから、この過渡的段階から次の段階へと進む努力が必要である。すなわち、極東における兵力引離しと、核非武装地帯を拡大することが第二の段階として考えられるであろう。そして、この第二段階に到達したならば、極東における平和は疑いもなくより安定したものになるであろう。

しかし、この二つの案については、その具体的内容が非常な問題になってくる。たとえば、すでに提案されている「アジア・太平洋地域の核非武装化」にしても、どの範囲の地域と海域を含めるかによって、非常に異なった結果を生むことになるし、したがっていずれかの国が受諾しないことになるであろう。もし、中国についてその全土を核非武装地帯に含めるならば、それは中国によって拒否されるにちがいないし、ハワイ、グァムなどを含めた太平洋一帯を核非武装地帯とするならば、アメリカが受諾しないことになるであろう。何故なら、現在アメリカは第七艦隊を中心とする海軍力によって太平洋を支配しており、太平洋を支配することによってアジア地域における勢力均衡を維持しているからである。つまり、核非武装地帯案は、その具体的内容によっては、核非武装という美名の下に、中国の戦略を否定したり、アメリカの太平洋における戦略のすべてを否定することになるのである。したがって、核非武装地帯を実現するためには、極東における東西の危険な接触点、すなわち朝鮮半島、ベトナム、ラオス等について、武力紛争が起らないような保障体制を作り上げ、次第に極東における武力の必要性を減じて行かなくてはならない。

このことから明らかなように、第二段の過渡的段階にいたる道は長く、かつけわしい。そして、そのために日本国民が持っている発言力は小さいものかもしれない。しかし、日本はみずからの非核武装という例で、異なった国の多くの国民に話しかけることができるし、極東の緊張の緩和につれて、一歩ずつ先んじた実例を示して行くことができる。したがって、第一のレベルの活動に関する限り、核リベラリズムは現実主義の立場をとるものと言えよう。

しかし、真の現実主義者は現実主義の限界をも知っている。現実主義は平和への道筋の微視的な方向づけをすることはできても、巨視的な方向を指し示すことはできない。また、現実主義は永遠平和に到達するためのエネルギーを作り出すこともできない。そのエネルギーなくしては、現実主義がシニシズムに陥りやすいことを歴史は示している。この意味において、核リベラリズムは第二のレベルの活動を重要視するのである。

第二のレベルの活動の本質は、国際理解を深め、外国に対する無知と偏見を除去するための活動である。もちろんそれは、軍備撤廃や核実験停止のような、疑うことをえない、一般的な原則についてはそれを確認し、さらにその実現のための具体的方法を話し合うであろう。しかし、それは具体的な結果をもたらすための行動ではなく、あくまでも相互の意見を知ることを目的とするものである。だから核リベラリズムは、多くの異なった文明のなかで、世論が有効な力を持つためにどうすれば良いかということを検討しなくてはならない。ソ連の内部で平和運動を自由に行なうことができないという事実を見つめることを避けてはならないし、また近代国家における過熱したナショナリズムの持つ同化力についても考えてみなくてはならない。しかし、この検討を行なうのは、非難するためではなくて、それでも世論を有力にするにはどうすれば良いかを探るためなのである。

かくして、異なった文明に対して話しかけることができる世論の形成ということは、われわれを人道主義の立場に近づける。何故なら人道主義こそ、その可能性のある唯一の力だからである。また、人道主義は権力政治的ではない仕方で、直接かつ具体的な結果を生むから、アピール一点ばりの平和運動が与えるようなフラストレーションを与えず、人々を力づけながらその運動を強めていくことができる。とくに、この人道主義は、南北問題、すなわち先進国と後進国の較差を除去することに努力を傾けなくてはならない。それは、この南北問題までもが権力政治に巻き込まれている状況を中和することにもなるであろう。

最後に、こうした人道主義の活動は、核兵器の恐怖と冷戦の緊張が破った人間精神の均衡を回復することにも役立つものである。核兵器という「大悪魔」の存在は、福田恆存氏が痛烈に指摘したように、この世に存在する「小悪魔」の存在を人々に忘れさせるという不幸な効果を持っている。しかし「大悪魔」に対しては声を張りあげながら、「小悪魔」に対しては指も触れないという態度では、結局大小の悪魔が並んで栄えるであろう。これまで「小悪魔」と戦ってきた人道主義の重要性は明らかである。

以上に私は平和の過渡的条件を重んずる核リベラリズムの立場の概略を述べた。その基本的立場は、世論の力を終局的には信じつつ、現実政治におけるその力については厳しい反省をくり返すことにある。ヨーロッパの平和主義者カレルギー伯は、かつて第一次大戦後の平和運動を批判して、その弱点はその目的を限定しないことにあると述べた。この言葉は、終局的には世論の力の上に立つ平和運動が、世論の有効性の問題を検討せず、したがって何をなしうるかとは無関係に目的を定めたことを批判しているものである。みずからが何をなしうるかを知らない行動は無責任であり、みずからを否定するものである。平和運動が一方的軍縮論などの形で行動的ニヒリズムに陥りつつある今日、カレルギー伯の言葉は前にも増して適切な教訓を持っていると言えよう。

（1）核兵器と通常兵器の差異が微妙なものであり、それゆえ、人為的に線を引き、人為的に確認すべきであるということは、沖縄問題についての論議を見ていて、その必要をいっそう痛感する。政府の立場は、この二つのものの差異が微妙であることを理由に、たとえばポラリスの寄港を認めるというような形で含みを残そうとするものであるように思われる。そして、狭い軍事的な見地から見ればポラリスの寄港を認めることの実際的マイナスはないかも知れない。しかし、それは日本の核政策をぼやけさせるという大きな政治的マイナスを持っているのである。日本が核を持たないことがまったく明白であれば、核戦争に巻き込まれる危険性はまずないといってよいし、逆に、通常戦争型の戦争に対処する能力が増えることとさえ考えられる。核政策をぼやけさせることは、そうした利点を放棄することでしかない。また、それは核拡散にもつながる。核拡散を防止するには、「作らず、持たず、持ち込まず」の三原則をすべて守り、それによって核兵器と通常兵器の間の微妙な線をはっきりさせることが必要なのである。それはたとえば、中国がパキスタンと協定を結んで核兵器を持ち込むことを考えてみればよい。それはかならずインドの核武装につながるであろう。そしてパキスタンはそれによってより安全になりはしない。

中国やフランスのように、はっきりと核武装することは、後でも述べるように、マイナスも大きいが、プラスもないわけではない。しかし、核を持たないことを建前にしておいて、その政策をぼやかすことは百害あって一利なしといわなくてはならない。

二十世紀の権力政治

現代の権力政治は、一体いかなる性質の権力政治であろうか。それは、国際政治の権力論に大きな問題を与える問題である。これまで、力は伝統的に軍事的・戦略的な概念を中心として考えられてきた。国家はその国策の遂行にあたって、外交という平和的手段が十分な機能を果しえない場合には、最後的手段として戦争という手段に訴えることができた。「戦争は他の手段を用いる所の政治的関係の継続に過ぎない」というクラウゼヴィッツの有名な言葉はそのことを述べたものである。しかし、今や核兵器を中心とする兵器体系の破壊力の目ざましい増大によって、軍事力は政策遂行の合理的な手段ではなくなってしまった。その結果、外交を推進する力として軍事力の地位はゆらぎ始めた。そして、国際政治における力を構成する要因として、非軍事的な力の重要性がいちじるしく強まることになった。すなわち、経済的な力と世論を支配する力が重要性を増したのである。しかし、軍事力が巨大化した結果使いえないものとなったことは、ただたんに力を構成するものとして、軍事力の比重を減らし、経済的な力と世論を支配する力の比重を増やしただけなのであろうか。

E・H・カーは、いまは古典となった『危機の二十年』において、国際政治における政治的権力を、(A)軍事的力、(B)経済的力、(C)世論を支配する力、の三つの範疇に分けたすぐ後でつけ加えている。

「これらの範疇は、緊密に相互依存の関係にあり、したがって、それらは理論的には区別せられるが、実際上は、国家がこれらの力のうち一つだけを他から切りはなしてどれほどかの期間保持するなどということは考えられない。その本質において、力は不可分な全体である」

してみれば、力のULTIMA RATIOである軍事力が使いえないようになったことは、この不可分なる全体としての力の性質そのものを変え、力が国際政治において持つ役割を変えるものではないだろうか。すなわち、平和共存における権力政治は、これまでの権力政治とは本質的に異なる様相をもつものではないだろうか。この小論の目的はこの問いに答えることにある。

もちろん、現在の国際政治において、軍事力は使いえないものとなったという議論には当然反論が予想される。現に、アメリカ、ソ連をはじめとして、世界各国はすべて強大な武力を持っており、おそらく、平和時において、これだけ強力な武力が地球上に存在したことは、歴史にその例を見ないであろう。まったく、各国の強大な軍備をながめるとき、兵営国家という名前をそれに与えざるをえない思いがする。しかし、現代の兵営国家は過去の兵営国家とはひとつの大きな相違を持っている。それは、過去の軍備は「積極的」な結果をもたらしたのに、現在の軍備はなんら「積極的」な結果をもたらさないことである。ここで私が「積極的」というのは、価値判断をまったく含めずに、力の闘争において、軍事力がより多くの力を獲得する手段となりえたことを指すものである。すなわち、過去の軍備はそれによって侵略をおこない、その結果としてより多くの力を獲得することができたし、紛争の解決に際して、その後押しとすることができた。ところが、核兵器の破壊性はあまりに大きいので、それを政策遂行の手段とすることはできない。

しかし、国際社会においては依然として紛争が存在するし、人類は武力の使用または威嚇なしに紛争を解決する方法を見出していないので、紛争解決のためには武力の後押しが要求される。国際紛争の解決は理性と交渉技術だけによってもたらされたものではなく、協調が利益だという確信と、頑固にふるまった結果に対する恐怖とが結びついたからであった。したがって、軍事力が合理的な政策遂行の手段ではなくなったことは紛争の解決をきわめて困難ならしめる。このジレンマを解くことこそ、制限戦争論に始まる戦略理論が目指したところであった。制限戦争論の創始者の一人キッシンジャーは、朝鮮戦争やインドシナ戦争の経験から、核手詰りは全面戦争を不可能にしたけれども全面戦争以外の形では武力は使われうることを指摘し、アメリカとしてはその大量報復力によって相手方の大量報復を抑えつつ、軍事力を限定的に使用しうる体制を作り上げるべきだと主張したのであった。また、フランスを中心として展開した革命戦争論も、全面戦争以外の形で戦争が起りうることを認め、革命戦争こそ現在もっとも起る可能性の大きい戦争であると考えた。

そして、その後の戦略をめぐる激しい議論の結果、現在の国際政治における軍事力の役割については、核兵力を盾とし在来兵力を槍とする考えが一般に認められている。すなわち、核兵力は相手方の核兵力の発動を抑制するという役割を持ち、実際の軍事行動は在来兵力によっておこなうのである。事実、アメリカやソ連という核所有国は、ただたんに巨大な核兵器を所有しているだけでなく、同時に強力な在来兵器を持っている。またキューバ封鎖を考えてみても、米ソの核兵力がそれぞれ盾となり、在来兵力は槍の役割を引き受けたが、カリブ海ではアメリカの槍の方が断然優勢であったため、アメリカの行動が成功したのであった。ハンガリー事件においても、ソ連の軍事行動が予定した目的を達成し、これに対してアメリカはハンガリー革命を助けることはできなかったが、それはヨーロッパにおいては、とくに中東欧においてはソ連が在来兵力において圧倒的に優勢であったからであった。

しかし、たとえ制限戦争であっても、明白な戦闘行為は、しだいに発展して全面戦争になる危険をつねに持っているし、戦闘行為が世界のどの部分で発生しても、米ソの均衡が作用し、世界世論の反対を受けるから、容易におこないえないものである。実に、第二次世界大戦後から今日までの間におこなわれた武力行使のうち、意図された目的を達成することができたものは、ソ連のハンガリー反乱鎮圧と、アメリカのキューバ封鎖の二回に過ぎないのであり、そのいずれの場合も、文字通り「積極的」な結果をもたらしたものではなく、いずれもステータス・クオ・アンテへの復帰を目的としたものであったことに注目する必要がある。また、このいずれの場合も、ソ連とアメリカの勢力圏の中心に位置していたという事実が忘れられてはならない。そして、より重要なことは、このいずれの場合にも、軍事力の使用は問題を基本的に解決したものではなく、したがって、問題の解決は政治的・経済的方法にかかることになったという事実であろう。

さらに、この核手詰りの状況と並んでより重要でさえあるのは、軍事力についてはきわめて大きな格差のある先進工業国と低開発国との関係においても、先進工業国はその武力を用いて「積極的」な効果をあげること、すなわち、侵略することや介入することによってその権益を守ることが困難になったことである。それは道義のレベルにおいては旧植民地の人民の覚醒によって反植民地主義が強まり、とくに国際連合などを通じて強い世論を構成しているという事実と、力のレベルにおいては、あらゆる紛争が世界化し、米ソがともにその紛争に関して発言し、したがって米ソの均衡が作用するから、大規模な軍事行動をとることが困難であるということと、人民戦争という形における抵抗がきわめて有力であるということにもとづいている。

まったく、人民戦争、または革命戦争は、現代の戦略理論家たちが一致して、今後もっとも起る可能性のある戦争形態として認めているところのものである。しかし、革命戦争は純粋軍事的に捉えることができないものである。それは植民地主義の終了、土地改革運動、社会の形成および国家の創造の過程と結びついている。したがって、反革命的なゲリラ戦を成功させることはきわめて困難であるし、反民族主義的なゲリラ戦を成功させることは不可能に近い。したがって、ゲリラ戦による侵略は、原則的には成功しえない。それは、原則的に防衛的な力の行使なのである。[1]

このように、現在の国際政治における軍事力の意味は主として抑制力に限られるようになってきたのである。もちろん、全面戦争は不可能でも軍事力の限定的な使用は可能であり、したがって限定的な軍事力の使用の積重ねの結果として大きな危機が訪れることは考えられないわけではない。また、軍事力が威信を支える実体として、また外交の背後にある脅かしとして、今後も長きにわたってその意味を失わないことも事実である。しかし、使えない力は威信の支えとしても、また脅かしとしても、その価値を失っていくであろう。また、エスカレーションの危険は、力の限定的な使用を制限するであろう。たとえばベルリンは、力を限定的に使用することが確実ならば、ソ連の意志が支配するであろうが、アメリカはこれに対してソ連が現状を変えようとする場合には核戦争も辞さないという態度をとることによって現状を守ることができる。

こうして、現代は軍事力を使用する可能性はきわめて少ないが、しかし皆無ではない時代である。

かくて、今日の軍備は、過去の軍備と同じように費用がかかるものであり、同じように、軍備に内在する危険を持ってはいるが、しかし過去の軍備が果していた「積極的」役割を果さないものなのである。今日の国際政治においては軍事侵略の可能性はほとんどない。また国際紛争が軍事力によって強圧的に解決されることも少なくなった。もちろん侵略がなくなったのは核兵器の恐怖の均衡にもとづいているし、国際紛争が軍事力によって解決されなくなったことは、人類が国際紛争を軍事力を用いずして解決する方法を見出さない限り、紛争の解決をきわめて困難にするという効果を持っていることも忘れられてはならない。それはともかく、こうして軍事力が原則的に抑制力として作用するに過ぎず、過去の国際政治におけるように「積極的」な役割を果さないものとなったこととの結果として、非軍事的な力の比重が増大してきたのである。

経済力は、つねに政治的権力の基本的手段であったし、とくに、軍事的な力の基礎として重要であった。それは傭兵の時代にもっとも端的に現われているのであり、当時は富裕な王侯がもっとも強力な王侯であった。しかし、軍事力の基礎としての経済力の重要性は、二十世紀の全面戦争の時代の到来とともに、一層増大した。武器、補給、通信の機械化と、戦闘に参加する人員の増加のために、軍隊が戦うことができるためには国家をあげての生産努力が必要とされるようになったのである。近代戦においては、銃器、弾薬の消耗はおびただしいものであるから、この前線の消耗をその国の軍需産業能力が補給することができるかどうかに戦争の勝敗がかかることになった。この、軍事と経済の直接の結びつきは今日においても存在するのであり、ココム、チンコムによって、アメリカが同盟国に重要戦略物資の対共産圏輸出を制限しているのはこのためである。

しかし、経済力はそれ自身においても重要であり、今日の国際政治においてはこの意味の方が強い。経済は人間が生きるための必要を満たすものであるから、それを支配することは人間の行動を支配する有力な方法であり、したがって、経済力は国内政治においてはもっとも基本的な力となっている。そして、それは国際政治においても、きわめて重要な力である。他国の経済を支配すれば、その行動全体を支配することができることは、アメリカが中南米に対して持っている支配力を見れば明らかである。実に、資本の輸出と外国市場の支配は、経済力による権力政治のきわめて古典的な形となっている。十九世紀におけるイギリスの政治的優位、いわゆるイギリスの平和は、ロンドンの金融市場が世界経済の中心であったという事実にもとづいている。経済力は軍事力ほど目立たないし、直接に作用するものでもない。しかしそのゆえにこそ、それは力を獲得するより合理的な方法である。

このような性格を持った経済力が、国際政治における力の闘争において持つ意味は、しかしながら、過去の国際政治におけるそれとは大いに異なるものである。

過去の国際政治において、経済力は軍事力を支える基礎として重要であったから、自給自足という形において作られなくてはならなかった。自給自足が不可能であれば、戦争が起ったときにきわめて不利であったからである。しかし、やがて一国のなかだけで自給自足することは不可能となってきた。そこで、各国はその経済圏を拡大しようとした。それは安全保障のために必要と考えられたのであり、そこに十九世紀末から二十世紀にかけての帝国主義時代をもたらした大きな原因がある。近代帝国主義の原動力については、シュンペーターのように、近代帝国主義と資本主義のあいだの必然的連関性を否定し、全体主義的な軍事的社会機構とその軍国主義的な好戦的傾向を重視する学者と、ホブソンやレーニンのように、市場と原料と利潤を求めて動く資本主義の発展的傾向をもっとも有力な動因とみなす人が対立してきた。しかし、いずれにしても、近代帝国主義という現象は、より大きな経済圏が必要となってきたという事実にもとづいているのであり、それが軍事的・経済的その他すべての要因からなる全体的な力の闘争の一形態であったことも疑いない。レーニンは別として、ホブソンとシュンペーターの対立は、こうしてより大きな経済圏を必要ならしめたもっとも有力な動因を経済的とみるか軍事的とみるかという相違なのである。しかし、今日、近代帝国主義を見る場合、もっとも重要な事実は、より大きな経済圏が力の闘争において必要であったことと、その場合に用いられた手段が主として軍事力であり、したがって軍事力と経済力とが密接に結びついていたということであるように思われる。

第一次世界大戦は、「軍政の基礎は、第一に、国民の一般的経済生活である」というドイツの一幕僚の言葉を立証し、大戦の勝敗は交戦国の経済生活にかけられることになった。敵国の経済的体制を崩壊させることに大きな努力が払われ、その経済体制が崩壊した国がその順序に（まずロシア、ついでドイツ）敗北したのである。軍事力の基礎としての経済力の重要性は、大戦間にもきわめて強く認識されていたのであり、世界の強国に経済圏の拡大に狂奔させることになった。それはやがて、第二次世界大戦をもたらしたのであった。

しかし、第二次世界大戦後においては、軍事力の性質とそれが持つ比重の変化に伴い、軍事力と経済力の関係も変化し、したがって、経済圏の問題も異なった観点から考慮されなくてはならないようになった。国家間の相互依存関係は一層強まり、その結果、アメリカとソ連という超強国もその経済を効果的に運営するためには、広い経済圏を作らなくてはならないようになった。しかし、この場合二つの重要な相違点がある。

第一は、戦争が政策遂行の手段として用いえないものになった結果として、軍事力と経済力の関係が断たれたことである。近代帝国主義の時代においては経済力は軍事力の基礎となり、軍事力は経済圏を拡大する手段となって、経済力をさらに増大せしめるという循環が成立していた。しかし、今や経済圏の拡大と維持のための手段として軍事力はほとんど意味を持たなくなった。旧植民地の人民の覚醒、反植民地主義の世論、人民戦争などの力の存在のために、今日では植民地を軍事力で保持することは不可能であるし、先進国が低開発国に有する利権を守るために軍事力を用いることもきわめて困難である。その結果経済圏の拡大と維持は、経済力それ自身によらなくてはならないことになったのである。

ところがこの事実は経済的な支配関係の性質を変えるものである。何故なら、経済圏の拡大と維持の方法として、もはや軍事力を使うことはできないようになり、経済力それ自身によらなくてはならないようになったということは、軍事力という不合理な法則を持つ力によってではなく、経済力という合理的な法則を持つ力によらなくてはならないことを意味する。したがって、軍事力の後押しを含まない経済的支配は、疑いもなく支配関係ではあるが、しかし、経済の原則である取引の原則とあまり背馳することはできないのである。

第二は、第一の事実の結果として、経済力の軍事力の基礎としての色彩が薄らいだことである。もちろん、現在でも軍備を維持することは費用がかかるし、過去の軍備よりはるかに費用がかかることは疑いない。その意味においては、経済的力は依然として軍事力の基礎という性格を持っている。しかし、軍事力が今日持っている意味は、ほとんど抑制効果に限られている。その結果、経済力の経済力それ自身としての意味が強まってくるのである。しかも、この場合、自給自足がその緊迫した重要性を失ったことが注意されなくてはならない。過去の国際政治において自給自足が重要であったのは戦争が起った場合に、自給自足ができなければ軍事力の基礎が壊滅してしまうからであった。この意味において、両大戦におけるイギリスの最大の弱点は自給自足が不可能であり、海路によって原料を輸入しなくてはならないということであった。しかし、この事情は今や存在しない。今や戦争は政策遂行の手段として用いえないものになってしまった。また、仮に戦争が起ったとしても、全面戦争であればきわめて短期間で勝負がつくし、ゲリラ戦または制限戦争であれば、国力の一部を用いるに過ぎないから、自給自足が可能か不可能かということは問題とならない。こうして、自給自足の軍事的意味がなくなったため、経済圏の排他的性質とその支配圏の専制的支配の必要が減少したのである。

この二つの変化は経済圏の性質を変化せしめた。今日、アメリカとソ連はともにその経済圏に支配力を及ぼしている。しかし、きわめて広範な経済圏が軍事力の後押しなしに、かなりの期間にわたって存在するためには、それはひとつの強国の勢力圏にとどまってはならず、その経済圏に属する国が各自その利益を得ることができるシステムとならなくてはならない。第二次世界大戦後の歴史の発展はそのことを示している。ヨーロッパ諸国は、その経済の回復とともにアメリカの支配から次第に離脱して行った。直接にアメリカの支配する経済圏である中南米についてもアメリカはその利益を計らなくてはならないことになった。「進歩のための同盟」はその一例である。同様の変化は中東欧のソ連圏にも見られる。スターリン時代におけるソ連と中東欧諸国の関係は、ソ連の利益をかなり露骨に追求するものであった。その結果として圏内の経済関係が公平を欠くようになっていたことが一九五六年のソ連圏の危機をもたらした大きな原因であった。しかし、ソ連はハンガリー反乱を強大な武力で鎮圧するとともに、圏内の経済関係を是正して、この危機に対処したのであり、その結果、ソ連圏はブレジンスキーの言葉を用いるならば「超社会」(super-society) に向って進んでいると考えられる。それは、あらゆる権力現象に見られる状況である。初めは赤裸々な暴力による支配がおこなわれ、支配者はその自己の利益を追求することしか考えない。しかし、支配者はまさにその地位の永続を願うがゆえに、みずからの利益の追求に終ることなく、被支配者にも利益を分ち与えなければならない。それは、歴史において秩序が形成されてきた一つの道であるのだ。

さらに、経済圏の問題はより広範な経済、政治秩序との関連において考慮されなくてはならない。十九世紀の国際秩序はヨーロッパを中心とするものであり、その骨格は、軍事的にはウィーン会議の決定にもとづくヨーロッパの勢力均衡とイギリス海軍による海洋の支配、政治的には欧州協調、そして経済的にはポンド貨幣の支配であった。そこにおいて、イギリスが指導的役割を演じていたことは疑いのない事実であるが、しかし多くの学者たちが指摘しているように、それはイギリスの利益を排他的に追求するものではなかったし、そのゆえに永続しえたのであった。イギリスの貿易決算は入超であり、その上に多額の資本輸出をおこなっていたから、ポンドは絶えずイギリスから外国へ移動し、イギリスはその分を、技術輸出、海運、そして投資した資本の利子で均衡を保っていた。かくて、通貨のスムースな流れが確保されていたのである。このシステムにおいては、非ヨーロッパ世界が搾取されており、そのことがヨーロッパ経済のスムースな運営を支えていたということは忘れるべきではないが、しかし、ヨーロッパおよびアメリカについては、かなり公平な経済秩序を形成していたのであった。

しかし、この十九世紀の国際秩序は、イギリスの経済的地位の下落とともに崩れ始めた。そしてこの経済体制において不利益を蒙っていた非ヨーロッパ世界が離脱したことによって、それは完全に崩壊してしまった。イギリスの理論家アーノルドが『紛争のパターン』で述べているように、現在の世界における対立の真の争点は、崩壊した十九世紀の国際秩序に代るものをいかにして作るかということにかかっている。国際連合もこの関連において考えるとき、よりよく理解されるであろう。実に、現在の国際政治はマルクス主義の意味における社会主義体制と、自由主義的資本主義経済体制とが、ともに世界全体の秩序たることを主張して対立しているものと言うことができる。

そして、この競争において、低開発国の動向が将来を決すると考えられるために、低開発諸国が平和共存における東西対立の主戦場となるのである。この場合、低開発諸国はすべて国家建設という仕事にたずさわっているから、いかなる形で低開発諸国の国家建設がおこなわれるかに、アメリカもソ連も大きな関心を払わざるをえないし、これらの国々との経済関係がどのように発展するかに注意し、できうれば、これらの国々を経済的に支配することを欲している。それは、現在の国際政治におけるもっとも重要な力の闘争なのである。

こうして、現在の国際政治における力の闘争の焦点は経済力による闘争であり、それは激しい力の闘争であるが、しかし、同時に国際秩序への指向を持つものである。しかし、経済力はいかにして獲得されるのであろうか。この問いは昔から多くの人を悩ませてきた問いである。現在における経済力の基礎が、工業生産力にあることは一般に認められているが、しかし、工業生産力を支えるもっとも基本的なものは何であろうか。資本、資源、それらは疑いもなく重要であるが、しかし不可欠の要因ではない。工業生産力を支える不可欠の要因は、国民を組織する力、すなわち、政治的な力にある。きわめて多数の大衆に目的意識を与え、それに沿って大衆のエネルギーを方向づけることに成功したことこそ、近代において政治権力を飛躍的に増大せしめたものであり、したがって組織能力こそ国力の源泉なのである。

近代史を通じて国家権力は絶えず強大化してきた。それは一般にテクノロジーの発達と関連づけて捉えられているし、それは疑いもなく正しい。テクノロジーの発達は、二つの意味で国家の権力をいちじるしく増大させることになった。まず、機械による大量生産は国家が用いうる物的資源を飛躍的に増大させた。次に、武器の発達、交通技術の発達、意思伝達機関は、政治支配をいちじるしく容易にすることになった。その結果、国家権力は強化されることになったが、主権国家が並立する国家体系においては、いかなる国家も他国の力の増大に無関心ではおれないから、各国は競ってその権力を増大しようとする。こうして、国際関係において強大となること、すなわち戦争に勝つためには権力を強化する必要があるし、逆に、戦争はそれ自身の論理から、その過程において、権力を強化する。かくて、近代史は国家権力の不断の膨脹の歴史となったのである。それは何よりも、戦争に投入される戦闘員の数のいちじるしい増大に現われている。近世の初めの戦闘はせいぜい数万人の軍人が加わっただけであるのに、二十世紀に戦われた二つの戦闘においては、戦闘に加わった正式の軍人だけで千万人をはるかに越えるのである。これだけの数の国民を動員できる権力は、きわめて強力なものと言わなくてはならない。

しかし、この過程を可能にした要因をただたんに技術的に考えてはならない。テクノロジーの果したもっとも重要な役割は、統治を容易にすることによって、国民を政治に参加させながら支配することを可能にしたことである。それまでは、政治に多数の人間を参加させることが技術的に不可能であった。そうすれば収拾のつかない混乱を生んだであろう。したがって、政治に参加することができる人は限定されることになり、多くの国民は政治のたんなる客体であった。しかし、この形では政治権力は国民の持つすべての力を利用してはいないのだから、それは決して強力な権力ではないのである。しかし、今や秀れたテクノロジーのおかげで、すべての国民を政治に参加させながら、政治秩序を保つことが可能となったのである。その結果、政治権力は国民のすべての力を利用できることになり、いちじるしくその力を増したのであった。この意味において、政治の大衆化と権力増大の過程は不可分に結びついている。

ところが大衆のエネルギーを捉えるためには、世論を支配し、大衆の心を捉えなくてはならない。しかし、世論はきわめて捉えがたい存在である。世論は合理的・理性的なものではなく、むしろ、非合理的かつ情緒的なものであるからである。十九世紀においては、世論は合理的なものであると信じられたし、政治は合理的説得によっておこなわれると考えられていた。しかし、フロイドが立証したように、人間の行動をもっとも強く支配するものは、意識的なものではなくて、下意識とフロイドが呼んだところのものであり、政治においてもっとも重要なものは、パレートが示したように神話によって代表される「非論理的行動」なのである。

実に、力への意思を軽視したところに、リベラリズムの最大の弱点があった。合理的説得は、力の誇示とシンボルの利用を主軸としたヒットラーのナチ運動の前にもろくも崩れ去ったのである。したがって、大衆への呼びかけは、その非合理性、情緒性に訴えるものでなければならない。しかし、われわれは世論の非合理性、情緒性をあまりに利用しすぎることがないように注意しなければならない。たしかに宣伝は大きな影響力を持っている。ナチズムの歴史は、「賢明で執拗な宣伝をやれば、天国をすら地獄として国民に示してみせることができる。この上なく惨めな生活をすら楽園として示してみせることができる」というヒットラーの言葉の真実性を裏書きしているように見える。

しかし、疑いもなく、宣伝は万能ではない。それは事実とまったくかけ離れるわけにはいかないのである。事実、もっとも有効な宣伝とは、大半が真実から構成されていて、それにごく少量の歪曲が加えられているものであることを、経験は教えている。われわれは、世論を単純に理性的であると考えることもできないし、逆に、理性的側面を完全に否定することもできないのである。

こう考えてくると、世論を支配する力は何かという問題の検討に際して、次のモーゲンソーの言葉は指標となるものである。

「人の心を捉えた過去の政治哲学は、それが真実であったから人の心を捉えるのに成功したのではなくて、真実であると信じられたから人の心を捉えるのに成功したのである。それは、これらの哲学が、知識という点からも、行動という点からも、人々の待ち望んでいたものを与えたからである」

だから、われわれは世論を支配する力を、人々の深い知的・政治的欲求を満たすという、政治の機能との関連において捉えなくてはならない。そして欲求の満足という問題が客観的であると同時に主観的な問題であることに留意しつつ、この問題を考えるとき、それは結局、いかにして国民の意欲を組織するかという問題であることが知られよう。人々の努力を呼び起し、彼らの行動に、ある目的に沿った方向づけを与えるために必要な、組織的基礎を与えることが必要なのである。

そのために必要とされる行為のひとつは、国民がその生活を営む共同体である国家の行為を道徳的に正当化することである。それはモーゲンソーが「民族的普遍主義」と呼んだところのものを生み、二十世紀を全面戦争の時代たらしめた。大衆の国家は、広い意味でのイデオロギー、すなわち、対人関係についての、もっとも一般的な見方を定式化した価値のシステムの上に立っている。ところが、大衆の国家はこの価値のシステムに普遍的な価値を与えるから、そこには当然イデオロギーの対立が発生してくるのである。

もうひとつの方法は豊かで幸福な生活を求める国民の意欲を組織し、その意欲を満たすという、基本的に地道な方法である。もっとも、そのためのもっとも手取り早い方法は、侵略または他国の搾取によって国富を増大させることであった。大衆の国家の時代が同時に歴史上最悪の権力政治の時代であったことは決して偶然ではない。帝国主義が大衆の支持を受けたことも忘れられてはならないだろう。しかし、軍事力が「積極的」な結果を生まなくなったことは事情を一変させた。豊かで幸福な生活の建設は、国内正義という方向においてなされなくてはならないようになったのであり、福祉国家政策は急速に推し進められることになった。一般に、福祉国家政策は資本主義の性質を変えることによって帝国主義を消滅させたと言われているが、この逆に帝国主義が不可能または利益を生まないものとなったことが、福祉国家政策を推進したという側面も無視されてはならないのである。

かくて、大衆の国家は文字通り両刃の剣である。それは「民族的普遍主義」を生むとともに、福祉国家をもたらすことになった。かくて経済的にだけものを見るならば、軍事力が使えない状態における力の闘争すなわち平和共存は、利益の調和点を見出しうるものであるように見える。世界全体に福祉国家的な構想を押しすすめていくならば平和がもたらされるであろうとミュルダールが説いたとき、ミュルダールは疑いもなく楽観主義的な見解を説いていたのである。

しかし、平和共存における力の闘争が、価値のシステムの対立であることは、楽観主義に影を投げかけるものである。過去の国際政治においては、力の闘争は激烈に戦わされたが、力と道義の区別はかなり判然としていた。しかし、今や価値のシステムが対立するようになったことは、何が正しいかということ自体が争われることになったのであり、その結果、力と道義の区別があいまいになったのである。

大衆の国家の世論の国内における作用は、福祉国家と民族的普遍主義を生み出したが、その国際世論としての作用はいかなる効果を持つものであろうか。現在の諸国民の世論は平和と軍備に対するアンビバレントな気持によって特徴づけられる。

一方では、国民は軍備なき平和を欲している。平和は、世界のすべての国民が国際政治に対して持っている一番強い欲求であり、しかも、その平和は、核戦争の恐怖のない平和、すなわち、軍縮の達成されたあとの平和である。過去においても、人々は平和を求めはした。しかしながら、その平和は自国が強大であることによって獲得されると考えられたし、その結果、軍備は費用が高くつくことによって嫌われはしても、危険なものであるなどと考えられはしなかった。かくて自国の安全を守るという目的のために、しばしば戦争が戦われたのである。しかし、今や核戦争はあまりにも恐るべき破壊をもたらすことが、だれの目にも明らかであるので、人々は戦争をにくむだけでなく、核戦争の破壊をもたらす可能性を持つもの、すなわち、核兵器をはじめとする武器そのものをこの世からなくそうと欲する。

しかし、その国民は同時に、堂々たる軍隊の行進に心から感銘を受ける人々でもあるのだ。人々の心には、強い力を求めるものが内在している。しかも、人々は他の国家が軍備をもっていることから、自国の安全を守るためには軍備が必要であると考えている。すなわち、相互の恐怖感と不信感は軍備を必要ならしめる。ここに平和と軍備の問題について現代人の心は強いアンビバレンスに悩まされることになる。しかしそれにもかかわらず軍縮は、ほとんどすべての国民の基本的欲求となってきたのである。まさに、軍備縮小は世界史的な要請と言うことができる。

ところが、この事実は世論に新しい性格を与えるものである。すなわち、反軍事的な力という側面を世論に与えたのであった。伝統的な国際関係においては、反軍事的な力などというものは形容矛盾でしかありえなかったであろう。これまで、国際政治における力の闘争は、軍事力を増大させることによって戦われてきたのであり、それは国家自身の力を増大させること（軍備拡大や資源の開発など）と、他国と自国の力とを結び付けることの二つの方法によってであった。そのことは、力の非軍事的要因がその重要性を次第に増してきた十九世紀から二十世紀にかけても基本的には変らなかった。経済力や世論を支配する力は、軍事力を支えるものであるか、あるいは、それを補充するものであった。それは非軍事的な力ではあっても、反軍事的な力ではなかったのである。しかし、今や世論が強く軍備縮小を求めるようになったため、それは国家の軍備拡大を制約する効果を持っている。したがって、それは反軍事的なものなのである。しかし、それにもかかわらず、それは力なのである。

何故なら、まず第一に、軍備縮小に向って努力しない政府は世論の支持を得ることができない。ここに、アメリカ政府もソ連政府も、全面軍縮の可能性を信じていないにもかかわらず、しばしば全面軍縮について語り、それをやがて到達されるべき目標としてかかげる理由がある。すなわち、国家は軍備縮小を願う世界世論を味方につけなければ、世界政治においてイニシアティブをとることができないのである。平和的共存についてフルシチョフが語った次の言葉は、この角度から見るとき、きわめて興味深いものである。

「平和のために積極的にたたかう政策は、社会主義諸国の対外政策上の行動をダイナミックなものにしている。近年国際舞台において主導権をにぎっているのは、つねにソ連および社会主義の側であって、帝国主義諸国とその政府は完全に受け身にまわっている。かれらの威信と対外政策の声望はこれまでになく低下している」

第二に、それは軍事力それ自体についても大きな影響を与える。軍備縮小とは、本来双方の軍備を平行的に削減することを意味する。しかし、完全に公平に、双方の軍備を削減することはほとんど不可能であるし、とくに、現代の軍備体系のように複雑な軍備の場合には、どのような形の軍備縮小をおこなうかを決定することはきわめて難かしい。ところが、軍備縮小において、一方の兵力がより多く削減された場合、それがもたらす結果は、他の側をより強大にすることであり、したがって他の側が軍備拡張したのと等しいことになってしまう。この事実は、二十世紀後半における産業力の発展と、国民を動員する能力の異常な増大によって、軍備拡張がほとんど無限に可能になりつつあることを考えると一層重要である。何故なら、その場合もっとも有力な権力政治的行為は、相手側の軍備を減らすことだからである。

かくて、現在の国際政治における力の闘争は、軍事力を増大させる方向において戦われているだけでなく、軍事力を減少させる方向においても戦われているのである。このことを忘れるならば、一方的軍縮論者のように、平和の名において軍備縮小を説きながら、結果においてはソ連の支配をもたらすということになってしまう。何故なら、西側が一方的に核兵器を廃棄した場合、ソ連の軍事力を抑制するものは存在しないようになり、したがってどのような未来が作られるかは完全にソビエト政府の態度にかかることになるからである。

実に、軍縮交渉こそ、冷戦におけるアメリカとソ連の力の闘争がもっとも激烈におこなわれてきた局面であった。まず、アメリカが原子爆弾を独占し、国際連合においても圧倒的多数を占めていたときは、アメリカが進んで原子力の独占を放棄し、原子力に関するかぎり国連安保理事会にある大国の拒否権を除去して原子力に対する有効な管理をおこなおうとするバルーク案を提出したが、ソ連はアメリカの指揮下にある国際連合による原子力の管理を好まず、それにかわるものとして原子兵器の無条件廃棄を第一とするグロムイコ案をもってこれにこたえた。また、この時期にはソ連のみが膨大な陸上兵力を持っていたから、アメリカは一般兵器の軍縮を主張し、これに対してソ連は原子兵器の軍縮により熱心であった。

また、一九五〇年代の半ばに軍事力の均衡が一応成立した後における軍縮交渉においては、ソ連は海外基地からの外国軍隊の撤兵を強く主張し、アメリカは奇襲攻撃を避けるための査察を重要視してきた。この場合、ソ連が開放国家ではなく、軍事秘密を保つことが容易であり、それはただ軍事的な利益を与えるだけでなく、真実の強さが判らないことからくる心理的威圧をも伴っているという事実と、これに対してアメリカの最大の強みは各地に散在する海外基地であるという事実とがソ連案とアメリカ案の相違を説明している。つまり、どちらの側も、まず相手側の優越した力を減少させることを欲しているのである。軍備縮小がきわめて権力政治的な行為であることは明らかである。

かくて、平和共存における権力政治はきわめて特異な性格を持っていることが理解される。今や、権力政治はあらゆるところへしみわたった。それは軍事力が用いえなくなったことによって促進されたが、しかし、同時に、現代の政治そのものが持っている特徴でもある。そのため、経済関係、世論、道義、そして平和運動さえもが、権力政治の一局面となってしまった。これらは、多くの哲学家たちが、権力政治を克服し平和をもたらすものと考えていたものである。しかし現在の国際政治においては、それらのすべてに権力政治がしみわたっているのである。

しかし、その反面、権力政治そのものの性格の変化もまたいちじるしい。現在の国際政治における権力政治はそのなかに、権力政治を超克する動因を秘めている。経済圏の拡大は、より公正な国際秩序に向う指向性を持っている。国力を確立させるためには、福祉国家を作らなくてはならない。そして世論の支持を得るためには、軍備縮小に努力しなくてはならない。

この二つの事実を結びつけて考えると、次のようになる。現在の国際政治において、経済力による闘争はきわめて激烈であり、そのなかに多くの緊張を持っているが、しかし、国際秩序への指向を持っている。大衆の国家が権力政治における単位となったことは国家権力のいちじるしい増大と民族的普遍主義とともに、福祉国家を生み出した。そして、権力政治は平和運動にまでしみわたったが、現在ほど軍縮を求める世論が強いときはない。かくて、現在の国際政治に処することはきわめて困難な仕事である。平和への一本の、まっすぐな道は存在しないからである。われわれはいくつかの相矛盾する考慮の対話の結果としてしか平和を獲得することができないであろう。現代は平和への決め手のない時代なのである。

しかし、この論文における立論と、それが結論において見出した平和へのささやかな希望は、すべて、当分の間、たとえ不安な平和であっても平和がつづくことを前提としている。もし、軍事力が用いられるならば恐るべき赤裸々な力の闘争が展開されるであろう。そして、現在の国際政治において軍事力が用いられないのは、きわめて不安定な構造にもとづくことは明らかである。この場合偶発戦争の危険は除去してもよい。軍備管理理論の発展は、その危険をたしかに減じた。しかし、それは核兵器の拡散という危険にほとんど対処しえない。核兵器が拡散したとき、軍事力は遅かれ早かれ用いられるであろう。

何故なら、現在の国際政治は紛争の解決を引き延しているに過ぎないからである。まだ人類は、軍事力の行使、または威嚇なしに国際紛争を解決する方法を見出していない。だから、現在、軍事力が用いられないということは、国際紛争の解決をいちじるしく困難にし、それを引き延しているのである。しかし、くすぶっている焰は、突然燃えつくかもしれない。ともかくも平和が保たれることは、より安定した平和への可能性を増すものであるという議論は疑いもなく正しい。それはこの論文の主題となっている。しかし、この主題には人々がこのともかくも保たれた平和を、より安定した平和のために使うという但し書がついている。

（1）しかし、これによってゲリラ戦を一般的に正当化することは避けなくてはならない。たしかにそれは、植民地独立のための闘争方式としては正当なものであった。しかし、世界の植民地がほとんど独立したあとにおいても、さまざまな理由から、さまざまな形でゲリラ戦はつづいている。それらは、ビルマの内戦、ナイジェリアの内戦、イェーメンの内戦などの例からも判るように、簡単に正当なものとして一般化することはできない。

まず、ゲリラ戦についてはその残酷さが問題となる。たとえば、テロ活動のことを考えてみればそのことは明らかであろう。それは形態において残酷なものであり、また、社会のなかに突如として「万人の万人に対する戦い」を持ち込むことによって、人々の生活に大きな破壊をもたらす。しかし、皮肉なことに、その残酷さとみにくさは、ときにはゲリラ戦の正当性の根拠にされる。なぜなら、普通の社会では、かなりの理由があっても、テロに対しては強い嫌悪感がおこり、テロをおこなう勢力は締め出される。それゆえ、テロ活動に訴えて成功するのは、その社会の悪がすでに耐え難いものであるからだ、と論じられるのである。ゲリラ戦は成功した場合、正義の戦争とされる。こうした人々の感じ方はある程度まで真実をついている。しかし、テロ活動やゲリラ戦が成功するか否かは、実にさまざまな要因によるものなのである。たとえば、狂信ともいえる強い確信に支えられた少数集団は、それほど悪くなくても寛容で弱い政府を転覆させる相当な可能性を持っている。逆にハンガリーの一九五六年の革命をソ連が鎮圧しえたように、仮借なき弾圧が成功することもある。正しい理由を持ったゲリラが勝ち、そうでないものが敗れるというような単純なものではないのである。

それに、ゲリラはある程度まで、外からの操作によって動かすことができる。第二次世界大戦後今日まで、実に多数のゲリラ戦がおこなわれて来たが、そのなかには、一九四九年に東南アジアで始まったゲリラ戦のように、外部からの指示にもとづき、その支援によっておこなわれたものも存在するのである。もちろん、その国内に不満がまったく存在しないか、あるいはほとんど存在しない場合には、ゲリラ戦をおこなうことは不可能であろう。しかし、そのような国はめったに存在しないのである。どのようによい国家でも不満分子はかならず存在する。そうした勢力を利用し、外部からの働きかけによってゲリラ戦がおこなわれるとき、それを正しいものとみなすことはどうしてもできない。

ところが、ほとんどすべてのゲリラ戦について、それが土着のものであるか、外からの働きかけによるものであるか、を正確に捉えることは難かしいのである。なぜなら、一方ではあまり正当性のないゲリラ戦が外からの働きかけでおこりうるのに対して、他方、正当なゲリラ戦も外からの援助なしには成功しえないことが多い。ふたたび第二次世界大戦後の東南アジアのゲリラ戦を例にとるならば、インドネシア共産党による一九四八年のゲリラ戦は土着性がなく、それゆえ、簡単に失敗したといえるであろう。逆に、ベトナムのゲリラ戦は土着のものとしてよい。しかし、フィリッピンの場合には判断を下すことが困難である。それは結局は敗れ去ったが、それゆえに、フィリッピンのゲリラが土着のものでなかったと片づけることはできないし、逆に土着のものであったが強大な力によって鎮圧されたということもできない。

このように、ゲリラ戦は複雑なものであり、そこにからまる正邪の問題もまた複雑である。これについては、高坂正堯他『アジアの革命』(毎日新聞社)で詳説した。

中国問題とはなにか

中国問題とは何か。この問いに対する日本人の答えほど、あいまいで、複雑で、そして情緒的なものはない。形式的には、中国とはその大半を支配する中共政府と、かつての正統政府であった国民党政府が、いまだに対立している国である。それを「二つの中国」と呼ぼうと「一つの中国」と呼ぼうと、二つの政府がそれぞれある領域を支配し、そして、ともに中国全土を支配する正統政府であることを主張していることは否定できない。したがって、中国問題とはこの状況に対してどのように対処するかという問題であると考えられるであろう。そして、中国問題をこう規定するならば、明らかに中国の大半を支配する中共政府を正統政府として承認すべきだという結論が得られるであろうし、それに対するアメリカの反対と、国民党政府との伝統的関係を考え合わせて慎重に事を運ぶべきだという慎重論が説かれるであろう。

しかし、問題は日本にとってそのように簡単ではないのだ。何故なら、中国とは、二つの政府が対立している国ということに加えて、日本が侵略戦争をおこなった国であると同時に、巨大な革命がおこなわれている国でもある。そして、実はこの二つの事実をどう考えるかという判断が、中共承認問題に対する人々の態度を大きく左右しているのである。

ある人にとっては、中国とは何よりもまず日本が侵略戦争をおこなった国、したがって戦争責任を背負っている国であり、この中国観に加えて、中共革命に対する積極的な評価や、中国に対する伝統的な親近感が加わっている。その結果、中国に対する贖罪と友好関係の樹立が説かれることになるのである。これと対極をなすものは、中国はもっとも戦闘的な形の共産主義という脅威であるとみなす人々で、彼らは戦争責任の問題は日華平和条約によって法的に終了したと考えており、二つの政府が対立するという現状については、台湾にある国民政府を中国の正統政府とするフィクションにしがみついている。しかし、疑いもなく、それはおのおの事実の一面を捉えているに過ぎないのである。

かくて、われわれが中国問題と考えているものは、内戦、戦争責任、革命という三つの問題の複合物なのである。それはどの一つを取ってもきわめて困難な問題であるのに、お互いに密接にからみ合っている。何故なら、日本を除く各国は、内戦と革命という問題に対処さえすれば良いが、日本はそれと同時に戦争責任の問題を解決しなくてはならないのである。フランスの中共承認は、革命への対応という問題を一応除外し、内戦として処理することによって可能となったものである。それは遠いヨーロッパに位置し、中共と直接の利害関係のないフランスにとっては可能であったし、正しい行動でもあった。またブラザビル諸国（主に旧フランス領諸国で欧州各国と相互依存関係を重視する国々）のように、中共と国交を開いた場合の中共の破壊活動を恐れる理由があるときには、内戦という状況を無視し、革命に対する対応の一つとして、不承認政策をつづけても良いであろう。何と言ってもアフリカは中共から遠いからである。

しかし、日本はそうではない。この、三つの問題のからまり合った複雑な中国問題について、革命はなんら国際政治の問題ではないとして無視し、問題を戦争責任の問題に還元してしまうことはできない。過去の歴史は、革命に対応することがいかに困難なものかを示しているのである。また、戦争責任の問題は法的に終了しているとみなし、中国を脅威としてのみ捉えることも正しくない。中共政府は、日本と中国の間の戦争状態はいまだ正式に終了していないと考えているのである。それだけでも問題とすべき理由があるのではないだろうか。

中国は、日本が過去において侵略した国でもあり、七億という人口をかかえる隣国として、現在と未来における脅威でもあるのだ。それに加えて、内戦状態が終了していない国でもある。そのような問題として、われわれは中国問題を考えて行かなくてはならないのである。私はこの複雑な中国問題の検討を、中国と革命の問題の検討から始めたいと思う。それは、戦争責任の問題が重要でないからではなくて、中国革命にいかに対応すべきかという問題が、人々の態度を混乱させる原因となっているからである。それに対して、戦争責任の問題は、きわめてはっきりしているように思われる。日本には戦争責任があるし、それが日華平和条約によって終っているという主張は十分な根拠を持っていない。

疑いもなく、革命はその国の性格とその国をめぐる国際関係の性格を変える。しかし、どのような視点からこの変化を捉えるかが問題であり、これまで人はしばしば誤った視点から革命のもたらした変化を見てきた。まず、革命は国内における暴力の行使と国の内外における法的関係の断絶を含むから、多かれ少なかれ、「無法者」という印象を与える。そこで、それはしばしば革命政権は好戦的であると判断する材料に使われてきた。中共革命についても、その国内における圧政がしばしば伝えられ、中国を危険な国として印象づけるのに使われている。それはまったく根拠がないわけではないが、しかし、中共革命の捉え方として一面的であることは明らかである。

次に、近代の革命はそれぞれ普遍的な原理、すなわちイデオロギーにもとづいているから、革命という現象をイデオロギー的に捉える見方が生まれてくる。この見方に従うと、中国は世界の共産化に努力している侵略的な国とされるか、あるいはその本質上戦争に反対する平和国家と考えられてしまう。たしかに、マルクス・レーニン主義の教義だけから言えば、この見方はともに根拠がある。しかし、過去の歴史において、強力で活気に満ちた国はほとんどすべて普遍的な原理を口にしてきた。それでも、彼らの原理が世界を征服することは決してなかったのである。また、昔から、自国の制度が平和的であることを雄弁に語った国はいくらもあった。そして、そのすべての国がみずからの勢力圏を広げるために侵略したのであった。スターリン主義は、そのもっとも最近の実例なのである。

こうして、イデオロギー的な見方はきわめて偏っていて正しい中国観を与えないため、革命ということよりも、むしろ、中国の伝統や文化や中国人の国民性から中国を捉える試みがなされることになる。しかし、それは現在の革命中国を捉える方法として、やはり不十分である。中国人は現実的であるとか、また、中国人は生来平和を好むとか言われるのはそれであり、逆に、中国の伝統的な家族主義から人民公社は失敗するであろうとか、中国人は元来極端を嫌うから、中共は遅かれ早かれ崩壊するか、またはその独裁的性格を和げるであろうとかいう観測がくり返されるのもその一例である。しかし、これらの観測は親中共派の人々のそれも、反中共派の人々のそれもあまり適中しなかった。

たしかに、中国共産党は中国の長い歴史に根ざすものであり、それは毛沢東の書物にも明らかである。おそらく、長い年月のあとでマルクス・レーニン主義はきわめて中国化されたものとなるであろう。しかし、現在の中国は激しく動いている。その間は伝統という静的な論理よりも、変革という動的な論理が中国を動かすであろう。

それに、伝統的な日本人の中国観は元来偏ってはいなかっただろうか。中国は明治以前においては、遠い海の向うの国であり、そこから、日本の学びうる面が、いわば理想化して持ち込まれたのである。中国人のイメージとして君子または大人という人間像が代表的であったことはそれを示している。そして、明治以来日本人が接してきた中国は、弱く、分裂し、混乱していた。だから、われわれは強大で、尊大なまでに自己主張をおこなう中国を身をもって体験してはいないのである。一体、中国人ははたして現実的であろうか。三国志や水滸伝はそういう印象を与えはしない。また、中国人はたんに平和的であろうか。朝鮮半島に宗主権を主張し、安南を植民地化してきたのは中国ではなかったか。

少なくとも国際関係に関するかぎり、中国の歴史や伝統は、われわれに多くを教えてくれないのである。中国はこれまで同じような強さの国と平等の国際関係を持ったことはない。中国には夷狄との関係はあっても、国際関係はなかったのである。中華思想と俗に呼ばれているものは、はたして今日も残っているであろうか。それとも彼らは、彼らが置かれた世界政治という国際環境に適応して、平等な国際関係を持つようになったであろうか。中国がどのような国際関係のパターンを持つようになるかはまだ判らないのである。

さらに、同文同種という伝統的な考え方から派生した情緒主義も、日本人の中国観を歪めている。たしかに、日本と中国は文化的に共通するものを多く持っているし、それは中国と日本を結ぶ紐として役立てることができる。しかし、それはとくに情緒主義と結びついた場合、外交に関して人を誤らせることもあるのだ。文化的に共通であることと、利益が共通していることとは、本来なんの関係もないし、したがって、同文同種のゆえになんらかの特別の感情を持つことは、外交の基礎にある力と利益の正確な把握を誤らせることがあるからである。それは、明治以来の日本人で同文同種を強調した人々が、いかに誤った中国政策を唱えたかを考えて見れば明らかであろう。

こうして、現在の日本においては、多数の相矛盾する中国観が存在し、それにもとづいて勝手な議論がおこなわれているのである。それは、ある意味ではやむをえないことかもしれない。七億という人口をかかえる国家の巨大さと複雑さ、その歴史の長さと世界史における独特の地位、それだけでも人を混乱させるのに十分であるのに、今やこの巨大な国を根本的に作りかえる実験がなされていて、中国は激しく動いている。しかも、中国はほぼ完全に近い鎖国状態で、信頼すべき情報を得ることは不可能に近い。

しかし、それはわれわれの中国観と中国政策を混乱させている最大の原因ではない。最大の原因は、革命という現象をイデオロギー的にしか捉えることができないわれわれの国際政治観にあるのだ。疑いもなく、今日の中国を特徴づけるものは巨大な革命を経験しつつある国という事実である。この事実を無視して、中国の伝統を持ち出したり、文化的親近性を強調することは正しくない。しかし、中国を革命の国として捉えても、それをただちにイデオロギー的に正当化したり、非正当化したりしようとするならば、それはより大きな誤謬をもたらすだけである。

革命は過去との激しい断絶を伴うから、革命を正当化したり、否定したりすることは自然な反応であるだろう。しかし、そうすることによって革命は道義的賞讃と道義的非難のもやのなかに包まれてしまうのだ。だから、われわれは革命のイデオロギー的判断、とくに道義的色彩の濃い判断を、避けなくてはならない。そうすれば、革命がその国の力を飛躍的に増大させるという、単純な事実が浮び上ってくるであろう。フランス革命はフランスの力を、ロシア革命はロシアの力を、飛躍的に増大させたのであった。中国革命も同じような視点から見なくてはならない。

もちろん、近代の革命は普遍的な原理の上に立っているから、革命の原理が国際政治に強い衝撃を与えるという面もたしかに存在する。しかし、われわれは普遍的な原理そのものが与える衝撃と、その普遍的原理を現実の政治・経済的体制として具体化した国家が与える衝撃とを混同してはならないのだ。革命の衝撃と普通考えられているものはこの二つの混合物なのであり、それを混同することから、革命に対する誤った対応が生まれてくるのである。

共産主義革命の場合にも、普遍的原理であるマルクス主義が与える衝撃と、それを体現した国家、ソ連が与える衝撃とは、質的にも量的にも異なっている。前者の場合には、思想は思想の論理で動いている。しかし、思想が力の組織である国家の原理となるや否や、思想の論理に加えて、権力の論理が作用し始め、それが次第に支配的になっていくのである。革命の衝撃がこのような構造を持つものである場合、外交の扱うべき側面は疑いもなく後者である。外交の基本的な任務は、力の組織としての国家間の関係を調整することだからである。したがって、ソ連革命についても、資本主義と社会主義が対立している間は真の平和はないと、そのイデオロギーが考えていることよりも、そのイデオロギーを体現した国家ソ連が、巨大な重工業を作り上げ、ロケット部門においてアメリカと激しく競争しているという事実、中東欧諸国をその支配下に置き、その経済統合にかなり成功してきたという事実、そして、重工業の発達と対照的に、消費財部門は貧弱で、とくに農業部門は完全に行き詰っているという事実の方が、ソ連の対外政策を現実に動かすより重要な要因となっているのである。

中国の場合も、この事情は基本的には同様である。したがって、われわれの視点は、力の組織としての国家、中共が中国共産党革命によってどのように変ったかということに集められなくてはならないのである。

そのように考えた場合、中共革命のもっとも重要な意義は、中国が民族革命と産業革命をおこなうための組織的な基礎を、何回かの失敗のあとに与えたことにある。中国における民族国家の形成と産業革命、すなわち、一般に近代化と言われている現象が軌道にのるまでには、きわめて困難な、そして長期間にわたる過程が必要であった。その理由は中国の広大さと中国の伝統的な政治構造のゆるやかさにある。

すなわち、中国には文明圏はあったが、近代的な意味での民族国家は存在しなかった。中国の一般民衆の政治に対する意識は、「日出デテ耕シ、日入リテヤスム、井ヲ鑿《うが》ッテ飲ミ、田ヲ耕シテ食ウ、帝力、我ニ於テ何カアランヤ」という有名な言葉に現われている通り、無関心の一語に尽きた。その無関心の上に皇帝を頂点とする官僚機構が表面的に乗っかっていたのであり、その最下端は県吏であって、村落まで及んでいなかった。そして、官僚制と村落の一般大衆とを結んでいたのは、土紳と呼ばれる富農階級であって、彼らが地方の実権を握っていたのである。この地方分権が清朝の末期に至って、皇帝の権力が弱まるとともにますます強まり、ついに軍閥時代においてその極に達したことは周知の通りである。

このような権力構造をそのままにしておいてなされた近代化の試みが失敗したのは不思議ではない。それは西洋文明の輸入のはやい海岸線沿いと揚子江沿岸に、外国資本を借り入れて作られた工場などを生み出したにとどまった。新しく作られた工場は中国の家族制度と結びついて閥族化していったし、どちらにしても、海岸地帯の工業化は内陸の大多数の中国国民と密接に結びついてはいなかった。国民党の指導者としての蔣介石の業績を評価することはむつかしいし、とくに彼がこの地方の権力機構に手を触れようとしたかどうかについては意見が分れている。しかし、いずれにしても、日本が中国に侵略を開始したときには、地方の権力構造は変っていなかったのである。

しかし、日本軍とのゲリラ戦を通じて、毛沢東の率いる中国共産党は農村に基礎を置く軍隊を作ることに成功した。毛沢東は日本が降伏したときには、百万の軍隊を指揮していたが、それは中国の歴史上最初の、村落に根を下した権力の組織であったのである。それが、いわば根なし草の蔣介石の軍隊を破ったのは当然であった。第二次世界大戦終了当時、中共が世界第四位の軍隊を持っていたことは見逃しえない事実である。こうして、中国の北部において生まれた権力の組織的な基礎は内戦における中共の勝利によって、全中国に拡大された。それによってはじめて、中国は近代的な意味における民族国家となったのであり、産業革命を強力に推進することができるようになったのである。[1]

この事実は、力の闘争である国際政治における中国の位置を理解する上にきわめて重要である。国家の力を構成するものは、表面的には軍事力や経済力に見える。しかし、その基礎をなすものは民族国家という形の、組織的な基礎なのである。近代の国際関係の歴史をきわめて巨視的に見るならば、権力に、広範で強力な組織的な基礎を与えることに成功した国が次々に強大化して行ったことが理解されるであろう。その意味で、近代史は民族主義の勝利の歴史なのである。

近代初頭のヨーロッパにおける強国、スペイン、フランス、イギリスはすべて、その地理的・歴史的条件から、民族国家の形成にいち早く成功した国であった。そして、この三つの国が十七世紀から十八世紀にかけての権力闘争の主役となり、やがてスペインは脱落し、イギリスとフランスがその他の王朝国家をまじえて、長期にわたる権力闘争を展開したのであった。この権力闘争は一八一五年のウィーン会議において均衡を見出したが、それはある意味では民族主義と王政との均衡でもあった。フランスとイギリスそれ自身が、民族主義の原則によって貫かれたものではなかったのである。

しかし、やがて民族主義の第二の波が、産業革命と結びついて起ってくる。そして、きわめて多数の国民を参加させながら、民族主義的感情と、進歩したテクノロジーによって国家の統一を保つことが可能になったのであった。それは国家権力を飛躍的に増大させることになった。そして、その結果として力の不均衡が起ってきたのである。

まず、民族主義と産業主義を結びつけることに成功した国と、それをおこなっていない国との間にいちじるしい力の不均衡が生ずる。それは、帝国主義を生む基本的原因となった。そのころ福沢諭吉は、西洋文明をとり入れなければ国の独立を保つことはできないと主張し、古い伝統を固守する中国と朝鮮については、「我国は隣国の開明を待て共に亜細亜を興すの猶予ある可《べか》らず。寧ろ其伍を脱して西洋の文明国と進退を共にし、其支那朝鮮に接するの法も隣国なるが故にとて特別の会釈に及ばず、正に西洋人が之に接するの風に従て処分す可《べ》きのみ」として「脱亜論」を唱えた。それは福沢を批判する材料とされてきたが、しかし、福沢が当時の世界における力の不均衡とその原因を正しく捉えており、いわばやむをえない方法として「脱亜論」を主張したことに注目するとき、明治の日本が置かれていた立場の困難性と悲劇性を示すものと考えるべきではないだろうか。

次に、民族主義と産業主義を結びつけることに成功した程度の差はドイツを他国よりも強大ならしめ、十九世紀ヨーロッパの力の均衡を破壊することになった。その組織的行動力と科学的精神を生かして強大化したドイツに対し、他のヨーロッパ諸国は同盟を結んでこれに当り、その対立は第一次世界大戦となって爆発した。このように、帝国主義とドイツの強大化という、第一次世界大戦の原因として一般に認められている二つの要因はともに、民族主義の第二の波がもたらしたものであり、したがって、二十世紀の動乱は民族主義の第二の波に対して、人類が十分に対応することができなかったために発生したと考えられるのである。しかし、この動乱は第二次世界大戦の結果として、アメリカとソ連の間に均衡が成立したことによって終了した。一九四五年以後今日まで、曲りなりにも平和が保たれてきたのは、米ソの均衡が安定したものだからである。その意味でヤルタ協定は十九世紀ヨーロッパの国際関係の枠組を作ったウィーン会議に匹敵する歴史的意義を持っていると言えよう。

しかし、民族主義の第二の波は世界のすべての国に民族主義の種子をばらまいた。それは今日、アジア・アフリカ諸国における民族主義の興隆をもたらしたのである。それは、やがてはこれらの国家の力のいちじるしい増大を招くであろうし、その結果必然的に力の不均衡をもたらすであろう。ちょうど、民族主義の第二の波が力の不均衡をもたらしたように。したがって、民族主義の第三の波に対して正しく対応することこそ、将来におけるもっとも重要な課題なのである。

この場合、民族主義の第三の波の中心をなすものは中国である。まず、中国は民族主義の第三の波を構成する国のなかでは、もっとも先に進んでいる。多くの国は近代化に必要な組織的な基礎の建設に悩んでいるのに、中国はそれを日本軍とのゲリラ戦と内戦を通じて作り上げてしまった。そこで、中国は民族国家の建設をその組織的な基礎の建設から始めなくてはならないアジア・アフリカ諸国に対して、その経験を通じて身近かな言葉で話しかけることができるのである。それに、何よりも、人口七億という巨大な一文明圏をひとつの国家として組織することは、もし完全に成功すればそれ自体きわめて大きな意味を持っている。そのような国家はこれまでに存在したことがなかった。人口七億という国家は一体どのような形をとり、どのような特徴を持つようになるであろうか。それは世界史の行方に大きな影響を与えるであろう。

したがって、中国問題は数十年という巨視的な基準で見た場合、世界政治のなかのもっとも重要な問題となるであろうと考えられる。こう言うことは、中国が侵略的とか好戦的とかいうことと何の関係もない。中国がいかに平和的であっても、七億という巨大な力が存在し、それが力を着実に増大させて行くことは、国際政治に対して大きな問題を与えるものなのである。いかに正当で、自然な増大であっても、ある国の力の増大はこれに対抗しようという他国の反応を呼び起すであろう。そして、それが巧く調整されない場合には、国際関係が緊張することは避けられないのである。

この場合、国家間の友好関係は相互の善意によって簡単に得られると考えてはならない。そのようなことは、私人同士のつき合いでも滅多にないことなのだ。力に相違があるとき、善意はしばしば追従になってしまうし、そのことをわれわれはアメリカとの関係においてしばしば見てきたのではないだろうか。同文同種を理由として中国を特別扱いしてはならないのである。中国は何よりもまず力の組織としての国家なのであり、したがって日本がこの巨大な隣国との間に堂々とした関係を保って行くためには、われわれはまず、この巨大国の強さと弱さを冷静に見究め、その将来の発展について、いくつかの仮説を立てて、問題を検討してみることが必要なのである。

その場合、まず中国の工業化の問題に目が注がれなくてはならない。中国は現在経済建設のもっとも困難で、重要な時期にある。しかし、それは数年前に期待されていたよりも長い期間と、より大きな困難を必要とするように思われる。中国は工業化の組織的な基礎を作ることには成功したけれども、その工業化の道は長く、かつけわしいのである。

まず、中共が政権をとったときの中国の工業化の程度はきわめて低いものであった。ソ連共産党は一九一七年に政権をとったが、その工業化が緒につくまでには二十年近い年月を必要とした。しかし、一九四九年に中共が政権をとった中国の工業化の程度は、ロシアの一九〇〇年のそれに近いものであったことが一般に認められている。ソ連は普通に考えられているように、純然たる農業国から社会主義的経済建設を始めたのではなかった。しかし、中国は文字通りの農業国に近い状況から出発したのである。

その場合、交通、運輸、コミュニケーションの手段の不足という伝統的な問題が完全に解決されてはいないことが大きな問題である。それはいわば大陸国の悩みであり、これまでも中国の近代化にあたって大きな障害となってきた。たとえば製鉄業を例にとってみても、中国の鉄山も炭鉱もともに内陸にある。その鉄鉱石と石炭を動力に結びつけて鉄を作るためには、長い陸上運送をおこなわなくてはならない。それは船による輸送よりもはるかに費用がかかるのである。満州にある鞍山の製鉄所は良く知られているが、第二次世界大戦中その鉄鉱石は近隣の鉄山のものでは不足し、遠く山西省にまでそれを求めなくてはならなかったのであった。この事情は今日もあまり変っていないであろうし、鞍山の製鉄所についてそれが解決しても、同様の問題は各地で起ってくるであろう。

さらに、中国の場合には、ソ連と異なって石油もなければ金鉱もないことが、その工業化に困難さを加えている。ソ連の工業化に際してバクーの油田がその推進力としていかに重要であったかを考えてみればそのことはよく判る。また、中国の中心的産業である農産物についても、それは不足こそすれ、余剰農産物を売って工業化に必要な資本を作ることは到底不可能である。このような理由から、中国の工業化の過程は決して容易ではなく、長い時間を必要とするであろう。

もっともこの期間は、純粋な、激しい革命的情熱が中国を動かす時期でもある。中共は革命後まだ年月が浅く、革命的情熱に燃える多くの人々がいるが、その反面、共産主義に秘かな反感を持ちつづけている人々も残っている。ここから、国内的には激しい支配をつづけながら、国際的には好戦的姿勢をとる必要が生まれてくる。しかし、中共は好戦的な政策を現実におこなう力を持っていないのである。それはたとえば、中印国境の紛争において中共が突如戦闘を停止したことにも現われている。中共は軍事行動をつづける石油がなかったのであった。

したがって、中共は好戦的な言葉で世界政治のすべての問題に介入しながら、現実にはきわめて慎重な行動をとるであろう。たとえば、中共は一九五八年の中東の危機においても、激烈な調子の発言をくり返し、「義勇軍」の派遣をさえほのめかしたが、しかし、その真の狙いは国民の反帝国主義的感情に訴え、政府への支持を強めることにあったと思われる。この危機を通じて、中国全土の大規模なデモがおこなわれ、北京にある英国大使館はとくにその対象となった。そして、西欧諸国の行動はすべてのアジアの人民に対する陰謀として、国民に示されたのであった。イギリスの中国研究の権威、G・F・ハドソンが、現在の中共を特徴づける好戦的な言葉と慎重で現実的な行動の組合せは、一九三〇年代の初期のソ連と類似していると述べているのは、この意味において示唆するところが大きい。

それに、中国の歴史的・地理的条件にも注目しなくてはならない。中国は、漢・唐・明の大帝国を通じて、すでに発展しつくした帝国であり、したがって、これ以上領土的に膨脹する自然の場所がないのである。この点では中国は新興国ロシアと異なっている。ロシアは共産主義＝民族主義革命によって力が増大したとき、発展すべき場所と理由があった。しかし、中国はそうではない。それは、その自然国境の端まで発展しつくしてしまった国なのである。[2]

もちろん、だからと言って中共は平和的であり、したがって中共と協定さえすれば良いと考えることは間違っている。中印国境の紛争における中共の行動は、少なくとも防御的とは言えないものであったし、また、中共のチベットに対する政策は新帝国主義と呼んで差支えない。中国が東南アジア諸国をその支配下に置こうとすることも考えられないではない。力に満ち、活気にあふれた文明はひとつの波のようなものである。それは、同じように力に満ち、活気にあふれた別の波とぶつかるところまで広がって行くであろう。そして、その場合、軍事的な力もまた、この波を構成する重要なモメントなのである。

しかし、中共革命の挑戦の中心は軍事的なものではない。すでに述べたいくつかの理由に加えて、二十世紀後半の世界政治においては軍事力の持つ比重は次第に減少し、その結果、力の闘争における中心は軍事力から「役割」に変ってきている。したがって、今後も国際政治において力の闘争が激しくおこなわれることは間違いないが、しかし、その形は二十世紀前半の力の闘争とはよほど変ったものとなるであろう。

まず、核兵器という「使えない兵器」の出現は、軍事力全体をきわめて使用しがたいものとしてしまった。使えないものの重要性が減少するのは自然の成行きである。そして、コミュニケーションの発達によって世界が一つの社会を構成するようになるにつれて、世界政治の問題の解決にいかに貢献するかが重要な意味を持つようになってきたのである。

国際問題の解決にはもちろん軍事力の背景が必要ではあるが、しかし、世論への訴えの果す役割も大きいことが注目されなくてはならない。たとえば冷戦の最盛期において、ネールが大きな威信を持っていたのは、正直な仲介者という彼の「役割」からしか説明できないであろう。インドの国力は弱く、国内的統一さえ完全ではなかったのである。しかも以上の事実に加えて、大衆社会の到来とともに国際政治はいちじるしくイメージ化されてきた。その結果、国家はその「役割」のイメージによって理解されることになったのである。

この場合、中共は当然アジア・アフリカの民族主義の旗頭としての役割を演じようとするであろう。中共の経験は民族国家でもなければ工業化もおこなわれていない国家に、この二つの過程を同時におこなう方法の、きわめて有力なモデルを与えるであろう。また、同じく民族主義の第三の波に属する国として、感情的にもかなりの共感を呼ぶことができるであろう。ラテン・アメリカやアフリカが中共に感じている魅力はこのためである。

しかし、この場合も役割の現実とイメージとを区別する必要がある。たとえば、周恩来のアフリカ諸国訪問は、中共とアフリカの協力について大きなイメージを与える。しかし、これらアフリカ諸国が現実に必要としているのは何よりも援助である。ところが中共は、援助を与えるだけの経済力がないから、中共とアフリカの協力は、イメージと現実が大きく背離してしまう。かくて、中共がアジア・アフリカ諸国の代表者としての役割を現実に果すためには、中国の力の充実が前提となるのである。それまでにはかなり時間がかかるであろう。

それに何よりも重要なことは、このような挑戦に対して否定的な反応は一切無意味であるということである。疑いもなく、革命の解き放つ力はその周囲の国にとって異質のものである。しかし、それに対してヒステリカルに、ただ否定的に反応することは、多くの誤りの原因となってきた。一九三〇年代の日本軍部の暴走は、ソ連革命に対する過度の、そしてヒステリカルな反応に根ざしているのである。革命は無秩序と流血をもたらすと同時に、新しい理想の社会への歩みを始めさせる。そして対外関係における好戦的姿勢を生み出す原因となる革命的情熱は、この理想の実現に人々を駆り立てる。革命の挑戦として、われわれが対応すべきであるのは、この二重の性格を持つものなのである。したがってわれわれはその行動を支える力を育て、日本が世界において果しうる役割の認識の上に立って、強力な積極的政策をおこなって行かなくてはならない。

しかし、現在日本は中共革命を一方的かつ全面的に支持する人々が存在し、その逆に、中共を敵視し、中共はいつか崩壊するという希望的観測をくり返している人々がいる。不幸なことに日本は中共革命の巨大な挑戦に応えるような態勢にない。そしてその最大の責任は、直接かつ具体的な問題に真正面からぶつかり、それを解決しようとする努力をしない政府にある。

外交政策をつかさどるものの任務とは、直接かつ具体的な問題をひとつひとつ解決しながら、より基本的な国家の進路と、その行手を切り開くために必要な努力を、国民に次第にさとらせることにある。それは中共革命への対応という大きい課題についても変りない。ところが、日本政府は国民政府を中国の正統政府とするフィクションに頼って、中国との関係の正常化という第一の直接かつ具体的な問題に対する決断を長い間おくらせてきた。しかし、政府がそうしているかぎり、国民はいつまで経っても中共革命の挑戦を受けとめないであろう。それはまことに由々しいことなのである。私が中国問題の直接かつ具体的な問題を扱う前に、その長期的挑戦を長々と扱ったのは、その重要性を強調したかったからであった。

現在われわれは、国民政府と中共政府の対立という中国問題のなかでもっとも重要性の少ないものに目を注いでいる。そして、それはより重要な問題をわれわれの目からかくしている。そうであってはならないのだ。われわれは多少の犠牲を払っても、現在存在する直接かつ具体的な問題を解決して、中共革命の長期的挑戦に本腰を入れて立ち向わなくてはならないのである。

それでは、日本と中共の間の意見と利害の対立する、直接かつ具体的な問題とは何であろうか。幸せなことに、日本はインドのように国境紛争を持ってはいない。また、東南アジア諸国のように華商の地位が問題になることもない。中共は日米安全保障条約に反対しているが、これは日本と中共の間の問題ではない。それに私は、将来日本が中共に接近すればするほど、それとのつり合いを保つものとして、日米間のなんらかの条約体制の必要性は増大すると思うが、それが日本と中国の間の正常な関係を害するとは考えられない。

しかし、日本と中国の間にはより基本的な意見の不一致がある。それは、ひとつは台湾の地位の問題であり、他のひとつは戦争責任の問題である。ヨーロッパやアフリカの諸国にとっては、内戦はただたんに形式の問題であるのに、日本にとっては、それは直接かつ具体的な問題なのである。日本は台湾にある国民政府を中国の正統政府として承認してきたし、日本の同盟国であるアメリカは国民政府を強く支持している。それに日本としても台湾が強国中国の一部となるよりも、独立国として存在してくれる方が、はるかに望ましいことなのである。そして、台湾を独立国とすることには正当な理由がないわけではない。

しかし、日本は台湾の問題について、なんら発言権を持ってはいないのだ。何故なら、日本はポツダム宣言の受諾とサンフランシスコ平和条約によって、台湾に対する主権を放棄しているのであり、したがって、権利もなければ責任もないからである。日本としては、「二つの中国」を作る権利もなければ、「一つの中国」と「一つの台湾」を認める権利もなく、そして「一つの中国」を語る資格もない。台湾の地位については沈黙するより仕方がないのだ。

それに、未知数の上に対外政策を立てるなという鉄則はこの場合も妥当する。一体、台湾はどうなるであろうか。台湾人と中国人の深い対立から考えて、台湾独立革命が起るという説もあれば、第三次国共合作もありえないことではない。それに、アメリカの援助の下に国民政府が現在の形のままで、かなりの期間つづくという可能性もある。こうして、台湾のようにその将来がまったくの未知数であるものについて発言することは、たとえ権利があっても、差し控えることが得策である。

日本はただ中共政府が中国本土を支配する政府であり、したがって、中国の正統政府であることを認めることしかできない。その結果、国民政府が断交してくれればそれでもやむをえないし、断交しなければ、中国問題が正当な機関と正当な手続によって解決するまでの間、国民政府との外交関係をつづけることができる。この場合、正当な機関と正当な手続とは、第二次世界大戦の戦勝国間の会議または、国際連合ということになるであろう。

第二の問題、すなわち戦争責任の問題はきわめてデリケートな問題である。そして、この問題が懸案として残っている点に、日本の立場の特殊性がある。日本政府は日華平和条約の締結によって戦争状態は法的にも終了していると考えているが、中共政府は日華平和条約の有効性を認めていない。この立場の相違は具体的には賠償問題という形で現われている。池田首相は最近の国会答弁においても、「日本は中華民国と戦争し、国民政府と平和条約を締結し、その際賠償請求権は放棄されているので、賠償義務はなくなっている」とはっきり述べている。しかし、これに対して中共政府は、一九五五年七月、北京訪問中の日本人記者団に対する周恩来首相の談話をはじめとして、数百億ドルの賠償要求をくり返し確認しているのである。

日本政府がとっている立場はまったく法的根拠がないわけではないし、首相の公的な立場としてはそれで良いが、しかし、中共との国交回復にあたって、いつまでもシラを切って通せるものではないことも忘れてはならない。中共の主張にも根拠はあるのだから、この意見の対立を調整しないかぎり、国交回復はありえないのである。

不思議なことに、これまで賠償問題はあまり論じられてこなかった。政府筋の発言においてそれが省略されているのは理由があるとしても、ジャーナリズムにおいてもそれが論じられないのは、中国に対する道義的責任の問題がくり返し論じられているのと比べて、まったく奇妙な現象である。疑いもなく、戦争責任とは法的責任に尽きるものでなく、道義的責任をも伴っている。しかし、法的責任には触れずに道義的責任という原則をやたらに振り回す事は正しくない。何故なら、道義的責任という原則はきわめてあいまいであるから、どのようにでも解釈できるし、いかなる中国政策をとれば、侵略戦争をおこなった道義的責任に背かないことになるのか判らない。おそらく、それはすべてのことを正当化するであろう。

それに、個人と国家はちがう。個人の場合には道義的責任感にもとづく行為は可能だし、立派なものでもある。たとえば、大原総一郎氏がビニロン・プラントを輸出したとき、その動機として中国人に対する道義的責任感をあげていたが、それは大原氏の個人としての私的な行動原理であるかぎり正しいであろう。しかし、国家の場合には戦争責任の問題はあくまでも法的なものであり、すなわち領土的解決と賠償の問題なのである。

道義的責任という原則がすべてのことを正当化しうることは、去る二月十七日の成田社会党書記長の記者会見における談話にも明らかである。「中共承認問題と関連して中共に対する賠償の問題が一部に論じられているが、中国人民に対して戦争の惨禍をこうむらせた日本としては、賠償を論ずるより、七億の民を支配する中共政府を承認することが先決である」。侵略と賠償こそ論理的に結びつくように思われるが、戦争責任を道義的に解釈しているため、いかなることの理由づけにも使われるのである。

一体、巨額な賠償請求額に関する意見の食違いを未解決にしたまま、国交回復をしてもなんの価値があるというのであろうか。フランスのザール地方占領の例を引くまでもなく、戦勝国が賠償の取立てを実力でおこなうことはありえないことではないし、そこまではいかなくても、賠償請求額を未解決のままにして置くことは、内政干渉の機会を残しておくことになる。

疑いもなく、日本は中共との関係を正常化しないかぎり、その安全保障はつねに潜在的危機にさらされている。しかし、賠償問題を解決せずに、したがって、戦争状態を終了させずに中共を承認することは、たとえできたとしても、爆弾をかかえて寝ているようなものであり、日本の地位はきわめて不安なものなのである。中共は絶対に武力も使わなければ内政干渉もしないという安易な善玉説に立たないかぎり、このような状態の危険性は明らかである。現在、日本において、あまりにも簡単に中共を善玉とするか、または同じく簡単に悪玉とすることが、いかに日本の中国政策を歪めているかは、このことにも現われている。

私としては、日本はなんらかの形で賠償を真剣に考慮すべきだと思う。中共の主張にも根拠があり、外交の任務が意見と利害の対立の調整であるとすれば、それは当然のことである。もちろんこの場合、中共政府の主張する数百億ドルの要求に日本が応じえないことは明らかであるし、いかに低く見積っても、日本が実際に与えた損害のすべてを賠償することはできないであろう。しかし、たとえその十分の一程度の、形だけのものであっても、また、形式的には賠償と名づけなくても、日本は中国に対して、他のどの国よりも多額の賠償を支払うべきではないだろうか。それは、具体的な形での戦争責任なのである。

もちろん、いかなる形においても中国に賠償を支払うことは中国の経済を助けることになるから、厳しい禁輸政策をとっているアメリカは反対するであろう。同様に、台湾には一切触れずに中共を承認することにも、アメリカは反対するであろう。そして、日本にとってアメリカとの協調はきわめて必要なのである。しかし、その逆に、アメリカが強く反対しないような形で、中国との間の直接かつ具体的な問題を解決しえないこともまた現実なのである。そのことをわれわれは見つめなくてはならない。

ここに、日本の中国政策が現在置かれている重大なジレンマがある。そして、すべてのジレンマがそうであるように、ジレンマを断つ方法は決断しかないように思われる。この場合、戦争責任の問題、すなわち賠償の問題さえなければ、中共政府と国民政府の対立という内戦状態に関して、筋を通してアメリカを怒らせるよりも、現在の政経分離の政策をつづけて、アメリカとの協力関係を傷つけない方が有利であろう。そして、たとえ賠償の問題があっても、もし、中共革命が二十世紀後半の最大の挑戦でさえなければ、まだ決断はつきかねるであろう。しかし、賠償問題があり、中共革命の偉大な挑戦を前にしては、決断の必要は明らかであるように思われる。決断のショックを和げるためのあらゆる努力は必要かもしれないし、今すぐ決断を実行に移す必要はない。しかし、日本の中国政策はもはやその場しのぎではなくて、秘かな決断にもとづいたものでなければならないのである。そして、努力さえすればアメリカとの協力関係の親密さを多少傷つけはしても、破壊してしまわないようにすることができるのではないだろうか。

巨大な隣国である中国に進行しつつある革命の偉大な挑戦に対応するためには、日本は広い意味における力を充実させ、強力な政策をおこなわなくてはならない。そうすることによってはじめて、日本は中国との間に平和で有意義な関係を持つことができるのである。しかし、その前に、戦争責任の問題を解決しなければ、中共革命の挑戦に正面から取り組むことができないのではないだろうか。

(1) もちろん、組織的な基礎ができれば工業化ができるというほど工業化の問題は簡単ではない。本文でつづいて述べているように工業化の物質的条件（それはいちおう、資本と技術に大別される）が満たされなければならないことに加えて、工業化を可能にし、それを推進する考え方が一般化する必要がある。マックス・ウェーバーがその点をとくに重要視したことはよく知られている。また、組織についても、それが政治的に強力であることと工業化という目的のために有効であることとは異なる。独立という政治目的はきわめて明瞭であるから、そのためにはできるだけ多くの人を動員し、強い団結力を持つ組織を作ればよい。その場合必要とされる行動は人々の闘争心をかき立てるようなものであり、劇的なものであるから、動員も組織化も容易である。また、各人の相違を認め、個人の自由な活動の余地を確保することも、そう重要ではない。しかし、工業化ということになると問題はより複雑である。その目標はともかく、必要とされる仕事は散文的なものであるし、また多様なものである。それゆえ、独立運動のために人々を動員するほど簡単に、工業化のために人々の力を統合することはできない。そこでは、人々に多様な活動を認めて、その活動を統合することが必要になってくるのである。とくに、政治運動の原理が非合理的なものであり、経済建設のために必要な合理性と矛盾するとき、問題は困難となる。しかし、独立運動の指導者たちは、独立運動において用いたのと同じような動員方式によって工業化をおこなおうとしがちである。そして彼らは失敗する。実際、第二次世界大戦後多くのアジア・アフリカ諸国が独立してから今日までの間に、われわれはそのような例を数多く見て来た。たとえばインドにおいてはエリート集団と大衆組織の見事な組合せが独立運動を推進し、成功したが、それは独立後国内を改造し、工業化を推進するには失敗した。同じく中国は大衆組織を発達させ、ゲリラ戦を見事に勝ち抜くことによって半植民地的な状態から離脱することができたが、ゲリラ戦に用いた大衆動員方式によって経済発展を試みたとき（大躍進運動はその典型的なものである）失敗した。政治運動の原理の非合理性が経済発展を制約することになったのである。さらにインドネシアのスカルノの場合にも同じことがいえる。この点について、インドネシア研究の権威ハーバート・フィースは、スカルノの政治を、シンボルの操作によって大衆動員をおこない、国民を統合して行くというものであり、政治的には成功したが、その方法がインドネシアの工業化の失敗の原因となったと述べている。

「こうしたシンボルによる政治は……インドネシア政府の行政的及び経済的な効率を低下させるという悪い機能を伴っている。……問題なのはそれが実際的な問題を解くのにまったく不都合な雰囲気を作り出しているということである。すなわち、経済的な仕事というものが第二次的な重要性しか持たないように見られ、イデオロギー的な真理や、政治的な情熱の維持が国家の最大の必要であるかのように見られる雰囲気が問題なのである。そこでは経済的なリアリズムは躊躇や決意のなさを示すものとしてさげすまれてしまう」

（2）一九六〇年代の半ばまでは、中国はその体制上侵略することはありえないという議論と、その発言の攻撃的性格から見て「脅威」であるとみなす議論が対立し、中国の軍事的能力の分析の上に立った議論がほとんどなかった。ここで私が述べたことは、中国の意図についてはさまざまな議論が可能であるが、その能力から判断して中国を大きな「脅威」とみなすことは正しくないということであった。

それゆえ、中国が核実験をおこなったときにも私の考え方は変らなかった。その後の事態の発展は私の考え方が間違いではなかったことを示したし、私のような考え方が増えて来たように思う。中国の軍事的能力に関する私見を要約すると次のようになる。

(1) 中国の核兵器開発の努力にもかかわらず、その能力は依然として限られている。より正確にいえば、中国の核兵器はまだその機能を発揮するところまで発達していないし、また発達するまでには相当の年月を必要とするであろう。なぜなら、核兵器とは核弾頭と初歩的なミサイルででき上るものではない。それは正確な指令を受けて、正確に誘導されなくてはならないし、相手の防衛をかいくぐって目標に到達できなくてはならない。しかし、この二つの能力を備えるためには、発展した電子産業など広範な工業的基礎を必要とする。ところが、現在の中国はそうした基礎において十分ではなく、しかもこの部分の技術は現在米ソにおいて急速に進みつつある。数百キロの近距離から発射される弾道弾に対して有効なABMが作られつつあるし、米ソではそうした防御をかいくぐるための多弾頭式弾道弾が開発されつつある。ソ連の四分の一、アメリカの八分の一の国民総生産しか持たず、工業化がきわめて不十分な中国がこれらの部門で追いつくことは難かしいし、逆に格差がいっそう広がる可能性もある。

(2) 通常兵力を見ても、中国の能力は限られている。人口が多いため兵力数は多いが、機動力はきわめて限られており、とくに海洋を越えて進出する能力はゼロに近い。しかも本文中で述べたように、中国の周辺は二、三の例外を除いて、目立った地理的障壁によって区切られている。

(3) 核兵器その他の軍事力を政治的に利用することは、一般論としてあまり有効ではない。たとえば、中国がアメリカに直接打撃を与えることができないとき、その同盟国に打撃を与えることをほのめかしてアメリカへの圧力とするいわゆる「人質戦略」は、いくらかの人によってあげられるが、私にはありえない戦略であるように思われる。中国がA国を人質として破壊し、そのかわり、アメリカによって中国自身が破壊される危険を冒すことはありえないことだからである。「核脅迫」はいっそう非現実的である。実際、一九六〇年の前後にフルシチョフがスプートニクの威信を背景に「ロケット外交」を展開したとき、彼は恐れられるよりも、軽蔑されたのであった。

(4) 結論として、中国がその軍事力を直接・間接に使用しうるのは、朝鮮半島やインドシナ半島など、中国周辺の特定の場所に限られるであろう。そして、その能力は中国がアメリカにとどく核兵器を開発したときには、たしかに増大するであろう。しかし、その場合でも中国の軍事力は決定的な役割を果たすものとは思われない。

核の挑戦と日本

歴史はときに劇的な形でその全貌を現わす。一九六四年十月はまさにそのような月であった。わずか十日あまりの間に三つの国家の指導者が変り、中国が第五番目の核保有国として現われた。もちろん、それらのなかのあるものは前から予想されてはいた。しかし、これらのできごとが相次いで急速に起ってみると、われわれは世界政治の動きの激しさを改めて感じないわけにはいかなかったのである。

それはまた象徴的な月でもあった。東京ではオリンピックが開催されていた。それは戦後の経済建設の成功を祝う祭典として、華やかに、豊かに、そしてにぎやかに、しかし祭に特有の非現実的な雰囲気を伴っておこなわれた。それによって日本の戦後には完全に終止符が打たれ、それが終了したとき、日本の戦後の経済建設を代表する首相池田勇人が辞職した。それはひとつの時代の終りであった。これに対して、人跡まれな新疆・ウイグル自治区の実験場は、厳しい雰囲気につつまれていたにちがいない。そして実験が成功して、巨大なエネルギーが爆発したとき、それは強い決意とともに大きな試みが始められたことを示したのであった。

世界はどう動いていくのだろうか。そして日本はその動きにいかに対処すべきであろうか。われわれはこの問題を真剣に考えてみなくてはならない。これまでは、われわれは経済建設というひとつの仕事を持っていた。しかし、それが成功しつつあることは、もはや明らかである。われわれの努力は別の仕事に向けられなくてはならないのだ。また世界政治においても、これまでの米ソの優越はあまりに明白な事実であった。だから、われわれはこれに対して無責任な批判を送りながら、米ソの対立を極とする体制を利用していればよかった。しかし、一九六四年はド・ゴールの中国承認とインドシナ半島における見事な外交的イニシアティブによって始まり、十月には中国の核実験がパックス・ラッソ・アメリカーナに挑戦した。いまや多元化は明白な傾向となったのである。われわれもまた、この新しい情勢に対処しなくてはならない。

もちろん、われわれは多元化をめざすド・ゴールや毛沢東の派手な行動に目を奪われて、アメリカとソ連の優越と暗黙の協力にもとづく平和（パックス・ラッソ・アメリカーナ）が厳然として存在するという側面を忘れてはならない。まず経済力についても軍事力についても、アメリカとソ連の優越はあまりにも明白である。国民総生産をとってみても、一九六二年の数字はアメリカの五、五五〇億ドル、ソ連の二、六〇〇億ドルに対して、西ドイツは八四〇億ドル、フランスは七二〇億ドル、中国は五〇〇億ドルと三倍から十倍の開きがあるし、軍事力について言えば、米ソがそれぞれ「殺し過ぎ」の能力を所有しているのに対し、フランスも中国も核兵器を運搬する能力を持っていない。フランスのポラリス潜水艦が実戦化されるのは一九六九年であり、中国のそれはさらにおくれるであろう。

そして米ソの暗黙の協力は今後もつづけられるものと思われる。それはフルシチョフが彼の政策の失敗から政権を追われたときに、ほとんどすべての人が米ソの協力関係の継続を予測したのをみても明らかであろう。何故なら、パックス・ラッソ・アメリカーナは両国の力と国家利益の均衡がもたらした状況であり、指導者の変更によって変るほど根の浅いものではないからである。

第二次世界大戦が終ったとき、アメリカとソ連は戦後処理をめぐって激しく対立した。もちろん、そこには体制の対立と呼ばれる要因も存在した。しかし、それはヨーロッパと極東のいかなる勢力均衡を作るかという具体的問題をめぐる衝突がなかったならば、決して冷戦という形で燃え上らなかったであろう。東西対立と冷戦とは区別されるべき現象なのである。

アメリカはソ連が中東欧を衛星国化したことを批判し、逆にソ連は西側が西ドイツの工業力をそのなかに組み入れたことに不満を持った。アメリカもソ連もともに異なった正義の原則によってその正当性を主張して正面衝突となり、やがて軍備競争が始まった。しかし、両国はいかに現状に不満であっても、核手詰りと呼ばれる状況においてはヨーロッパと極東の現状を武力によって変更することができないのを知ったのである。ハンガリー革命をソ連の戦車部隊が鎮圧したときアメリカがなんらの援助を与えなかったことは、ステータス・クオの固さを教える大きな事件であった。またソ連の執拗な努力にもかかわらず、西ベルリンを西ドイツから切り離すことができなかったことも、大きな意味を持っている。こうして、両国はにらみ合ううちに現状を承認する以外に方法がないことを知ったのである。その結果、冷戦はいわば凍結し始めた。

しかも両国の指導者は軍備競争がその経済に与える圧迫を問題とせざるをえなかった。とくに、経済力に劣るソ連にとっては、軍備競争はソ連人民の希望である、よりよい生活という目的の達成を困難ならしめるものであった。それは非スターリン化と、よりよい生活をスローガンとして政権を獲得したフルシチョフの無視できないことであった。そのゆえにこそフルシチョフは、一方ではロケットの威力を振り回しながら、アメリカとの妥協をねらっていたし、結局、部分的核停条約が結ばれたのであった。そして、フルシチョフにアメリカとの間の緊張緩和を求めさせたこの二つの要因は今日も依然として強く作用している。ソ連はイギリスや日本から化学肥料プラントなどの輸入を始めたばかりなのである。ドイツや朝鮮の状態は軍事力では変更しえない。フルシチョフの後継者もこの事実を無視しえないのである。

それでは何故、フルシチョフはやめなければならなかったのか。彼の失脚は彼の政策への反対のためではなかったのか、という疑問が当然起ってくる。たしかに、「フランス・ス・ソワール」紙が報ずるように、フルシチョフは重工業の管理者・軍部・党員たちによって失脚させられた。しかし、われわれはこの事実からソ連の政策が後戻りするとは考えてはならないだろう。フルシチョフの政策が現実に失敗したのが失脚の大きな原因となっているからだ。だからフルシチョフの失脚は非スターリン化と平和共存がいかに困難で長い仕事であるかを示したものと考えなくてはならない。ソ連は強引きわまる方法で工業化をおこない、第二次世界大戦を戦い、ついで冷戦においてアメリカと太刀打ちするために、国民の経済生活に無理をかけ、国民の自由をしばった。そうした体制がより正常で、より安定した体制へと変化するには長い年月と、何回かのジグザグが必要なのである。それは冷戦から平和共存体制への移行に必要な国内体制の調整ということができるであろう。

中国とソ連との関係についても同じことがいえるであろう。フルシチョフが批判された理由のひとつが中国との関係を決裂にまで持っていったことにあることは疑いないし、それゆえにソ連の新しい指導者は、中国との関係を改善しようと試みなくてはならないだろう。しかし、ソ連は長い目で見た場合、その力と国家的利益が指示する方向に動かなくてはならないし、中国との関係をもとの状態に戻すことはできないのである。そこにもまた、ジグザグの歩みが見られることになるであろう。

そして、アメリカもまた同様の問題をかかえているのだ。アメリカは冷戦に勝つために国民を反共産主義の旗のもとに動員しすぎた。それはやがてマス・ヒステリーを生み、それがオートメーションの引き起す社会変化と人種問題とからみ合うとき、ゴールドウォーターを支持する勢力が出現してくるのである。彼らはアメリカの指導勢力とはならないだろう。しかし、彼らは冷戦の下に育てられたフラストレーションの現われとして無視しえない力を持っているのである。したがって、アメリカもまたこれら国内問題の調整に追われるものと考えられる。こうして現在、世界の二大強国は冷戦時代の無理からくるひずみを直さなくてはならないのである。

こうした事情は両国の指導力を減少させることになるであろう。しかし、それにもかかわらず、米ソの優越と暗黙の協力は変ることなく存在する。おそらく経済力と軍事力だけを見るならば、第二次世界大戦後に現われた平和としてのパックス・ラッソ・アメリカーナは今後かなりの間つづくように思われるであろう。戦争は力の均衡がくずれたときにおこる。第一次世界大戦はヨーロッパの勢力均衡が破壊されたときに始まった。そして、勢力均衡は第二次世界大戦の後で米ソが二大強国として現われ、世界的な規模で回復されるまで存在しなかったのである。西欧の多くの歴史家が一九四五年の平和は、十七世紀のウェストファリアの領土的解決や十九世紀のウィーンの平和と同じく、歴史に重要なものとして残るであろう、というのは正しいように思われる。

しかし、パックス・ラッソ・アメリカーナの健全を示すあらゆる数字にもかかわらず、フランスと中国はそれに挑戦している。ド・ゴールと毛沢東はみずからの立場を強力に主張して一歩も譲らない。それは何故に可能なのであろうか。

私はその理由を核兵器の特異な性格に求めたいと思う。核兵器こそ、その巨大な力ゆえに超強国の軍事的優越を中級国家の比較的軽微な軍事力によって容易に中和されうるものとしたからである。すなわち、米ソの核戦力はその百分の一にも満たない中仏の核戦力によって中和されてしまうのである。何故なら、核兵器は、「飽和状態」に達することがきわめて早く、そして根本的な技術的革新が容易におこりえない武器なのである。在来兵器の場合には、これ以上その武器を数多く持っても効果は増大しないという「飽和状態」に達することはなかった。二万発のＴＮＴ爆弾よりも四万発のＴＮＴ爆弾の方が強力だった。しかし、核兵器の場合には、敵国の人口の半数を殺戮する能力に達するのは困難ではない。そして、いったんこの能力を獲得したならば、それ以上の能力を獲得することはあまり意味がないことになってしまう。

中級国家の核武装に理論づけを与えたガロアの理論の核心は、まさにこの事実を捉えたところにある。彼は敵国の主要都市数十を破壊することができるだけのミサイルを持てば、敵国の核攻撃を抑制するに十分と考え、その程度の核兵器ならばフランスも持つことができると判断した。そして、「米国の千分の一にも満たない核兵力しか持てないフランスの核開発努力を米国人が嘲笑するならば、われわれは米国の膨大な貯蔵核兵器のなかからフランス程度のものを除いた残りの九百九十九倍の核兵器はいったい何の役に立つのかと聞きたい」と述べているのである。

もちろん、このガロアの論議に対しては数多くの反論がなされている。そしてその要点は敵国の主要都市数十を破壊するに十分なだけの非脆弱な核兵器を生産することは、ガロアの考えている以上に困難であるという点にある。脆弱な核兵器を作ることは容易である。しかし、それを非脆弱なものにしておくためには、つねに新しい兵器の開発に努力していなくてはならない。ところがアメリカおよびソ連はフランスの十倍の研究資金を注ぎこむことができるから、フランスや中国の核兵器は今後もかなりの期間にわたって抑制力たりうるだけの力を持つことはないであろうし、半永久的に抑制力たりえないのではないだろうか、と反問するのである。

しかし、これに対しては核兵器はこれ以上本質的な技術革新が起りえない兵器であるといって反論することができるであろう。核爆弾そのものについては、その発達はほぼ限界に達した。だからアンチ・ミサイル・ミサイルと完全な新兵器の開発が問題になるが、アンチ・ミサイル・ミサイルについては、その効率が百パーセントに近くなければ意味がないということから、有効なアンチ・ミサイル・ミサイルを作ることは不可能に近い。また、核兵器を上回る新兵器についていえば、核爆弾が作られる前には、物理科学がその可能性を示していた。しかし、いまはそのような可能性は自然科学のいかなる分野においても示されていない。こうして、中級国家の核武装に意味づけを与えたガロアの理論は、その鋭い論理によって、現在の国際政治における核の問題の本質をついているのである。中級国家も核武装をおこなうことによって、超強国の核戦力を中和化し無意味なものたらしめることができるのだ。

その結果、フランスと中国はアメリカとソ連にその防衛を依存しなくてもよいようになるし、したがってアメリカやソ連に反して自己を主張することもできる。実際この二つの国の外交・軍事政策は驚くべき共通性を示している。それは独自の核兵器を開発することによって自己の自主防衛体制を作り上げ、その上に立って自主外交を展開することを目指しているのである。五年後にせよ十年後にせよ、中国とフランスがこの能力を獲得することはいまや決定的となった。

このように核兵器に対する冷たい計算の上に立ち、自主防衛力を持つという決意の下になされた中国の核実験に対して、それを道義的に非難することの無意味さはあまりにも明白である。中国の指導者はその正当性を確信し、中国の民衆は核実験成功の報に国をあげて喜んだという。その中国に対して、日本国民の素朴な反対の気持を伝えるだけでもたいへんな困難を伴うのである。

とくに日本の外務省までもが中国の核実験に対して抗議することで満足しているのは理解に苦しむというほかはない。おそらくそれは日本が世界の力の闘争に無関心でいることを余儀なくされた時代の習性によるものであろう。冷戦の時代には、日本は米ソだけが作り出す力の構造のなかで、力の闘争から棄権しながらこれを利用し、一方では米ソの権力政治を批判していればよかった。そして政治家と知識人は無意識のうちに、いわばこの役割を分業してきたのである。政治家は利用し、知識人は批判した。しかし、彼らはしばしば正反対のことを説きながら、同一の状態に対する反応として、不思議な協力関係にあったのである。どちらにしても日本は世界政治におけるパワーではなかったのだ。「いかなる国の核実験にも反対」という何人も反対しえないが、まさにそのことゆえに無意味なスローガンは、この時代の日本人の国際政治観を代表するものといえるだろう。それはいまや中国の核実験に対する道義的非難と、全面軍縮提案とに代った。そしてこれを叫ぶ人のはたして何人が、一九六四年八月において「いかなる国の核実験にも反対」と叫ぶことは中国の核実験に反対し現状維持に賛成することであり、一九六四年十月に中国の核実験に対して全面軍縮を説くことは中国の核実験を容認して、現状に反対するという正反対のことになるのを意識しているだろうか。要するに、世界政治の力の現実に対して、無関心であり無責任なのだ。

この場合、私は権力政治に対する道義的非難をすべてしりぞけているわけではない。ただ、道義的判断を下す前に、力の現実を認識する必要を説いているのである。少なくとも、中国の核実験が二つの異なった問題を提起していることは認められなくてはならない。

そのひとつは世界平和全体にかかわる問題である。すなわち核拡散の問題と、核所有国間の緊張緩和の問題である。もちろん人によっては、核拡散を妨げるという考え自体に反対するかもしれない。自国は核武装をおこないながら他国にそれを禁ずる権限はないから、核拡散を妨げる唯一の道は全面軍縮しかありえないと説く人もあるだろう。しかし、全面軍縮というほとんど達成されえない基準をふり回すことは、その理想が達成されるまでの間、あらゆる既成事実を承認することになってしまうのだ。したがって、われわれは、非核武装地帯の設定などを現実的に考慮していかなくてはならない。

核所有国間の緊張緩和の問題は日本の安全保障により直接の関係を持っている。核所有国の間にたとえ不安定ではあっても、恐怖の均衡が成立するためには、各国がある程度の合理性を持ち、おたがいに相手の絶滅を欲してはいないことを理解しあう必要がある。ところが不幸にも中国とアメリカの間には、現在この条件はないように思われる。台湾をめぐって、あるいはインドシナ半島をめぐって米中間の緊張は異常にたかまっているのだ。十年後に恐怖の均衡が成立する前に、この緊張を緩和することが日本外交のひとつの目的であることはだれの目にも明らかである。

しかし、この世界平和全体にかかわる問題に対してはかなりの注意が払われてきた。それに反して、中国の核実験が提示するもうひとつの問題、すなわち、中国の核武装を前にして日本の安全保障はいかにあるべきであり、核武装によって自主防衛力を獲得した上で自主外交を展開するという、中国の立場にどう対処するか、という問題は見逃されているか、または、それが世界平和全体にかかわる問題とは異質のものであることが無視されているのである。中国の核武装が日本の安全保障問題をクローズアップしたことを認める人でさえ、その解決方法を世界平和の促進という別の問題への回答のなかに解消してしまっているのだ。中国の核実験に対する日本の安全保障政策として非武装中立を説き、国際的には完全軍縮を唱える人々はその代表ということができるであろう。

うたがいもなく、世界平和の問題は重要であり、そして、日本の安全保障の問題と離れがたく結びついている。日本の安全保障のためにも、世界の緊張が激化しないことが必要であることはいうまでもない。しかし、国家の安全保障の問題は、世界の平和の追求という問題のなかに解消されてしまうことはできないのだ。国家は自国の安全を保障しながら、世界の平和を維持していかなくてはならない。そこにジレンマが発生することは避けられないけれども、しかし、その問題の一方を否定することによってこのジレンマを解くことはできないのである。

戦後、日本では非武装こそもっとも現実的な安全保障政策であるという議論がくり返されてきた。最近では日高六郎氏がその代表者の一人であるように思われる。しかし、それは根底において国家の安全保障という問題そのものを否定し去っているのだ。

日高氏は日本が自衛力を持つことについて、「核兵器が集積され、(殺しすぎの)能力が完成した現在、日本の安全が軍事的手段で保障されると考えるほうが、はるかに非現実的だという考えも、決して根拠がないとはいえまい」と批判する。この言葉はたしかに真理を含んではいる。すなわち、同氏は核時代においては、各国がその安全を武力によって保障しようとしているかぎり、真の平和はありえず、核戦争による人類の文明の破壊の危機は去らないことを主張している。しかし、同氏は現在の危険と将来のあるべき姿を強調しすぎるため、われわれが現在置かれている現実の状況の重みを認識していない。これまで、世界各国はそれぞれ武力を保有し、その間の勢力均衡を計ることによってその安全を維持してきた。確かにこの伝統的方法は核兵器の到来とともに不十分なものとなったが、しかし、伝統的方法を単純に否定するだけでは問題は解決しえないのだ。

とくに日高氏がすべての国の防衛努力を否定する、いわば一般論を、他の国に適用せず、日本についてだけ適用しているところに、現実の問題が生ずる。すなわち、日本だけが軍事的手段によって安全を保障するという考えを捨てても、世界の力の均衡を破壊するだけで、武装せる平和という世界の現状に影響を与えることができないことを同氏が見ていないことが問題なのだ。日本一国が非武装中立になることは、アメリカの極東における力を弱め、日本を二個師の空挺師団によって占領しうるような状況を作り出す以外に、いかなる効果を持ちうるであろうか。米ソはそれを機会に核兵器を破棄するとでも考えていられるのであろうか。

要するに、現在の状況を肯定しても、また現在の状況を単純に否定しても、核時代における安全保障の問題に対する回答は得られないのである。すべてのジレンマがそうであるように、核時代における安全保障の提起するジレンマは、それを断ち切ることによってではなく、間接的な方法によって解決されるものだと私は思う。軍事力が現実に大きな意味を持っているときに、これを単純に否定しても問題は解決しない。後から述べるように、国家間の関係を動かすもののなかで、軍事力の比重が減っていくところに、このジレンマを解く方法があるのだ。

このような態度で、われわれは中国の核武装が直接、日本に対して投げかけている問題を検討しなくてはならない。まず、日本の安全保障はいかにあるべきであろうか。この問題に対するもっとも論理的に一貫した議論は、ガロアによってなされている。彼は「毎日新聞」の三好記者との対談において、「核保有国と非核保有国との力の差は決定的であり、日本は独自の核兵器を開発して自国領土を『不可侵な地帯』にしなければ、その利益を守ることはもちろん、自国領土までが脅かされる」と述べているのである。そして、日米安保条約については、アメリカは日本を守るために自国の領土の荒廃という危険を冒すはずがないから、アメリカは日本に対して有効な保障を与ええないと警告する。

先に触れたように、ガロアは核兵器が容易に「飽和状態」に達することに注目して、中級国家の核武装に理論づけを与えた。したがって、ガロアの説く方法がひとつの方法であることは否定しえないように思われる。少なくとも、フランスと中国の行動はガロアの理論を裏づけている。しかし問題は、それがガロアのいうように唯一の方法かどうかということである。

そして、この問題を検討するためにわれわれは超強国の巨大な核戦力が、中級国家の比較的軽微な核戦力によって、容易に中和されうるという事実を、もう少し広い角度から見てみなくてはならないのである。すなわち、少量の核兵器が抑制力たりうることは別の事実によっても説明されうるのである。それは、暴力の行使に不可避的に伴う「代価」である。暴力の行使は破壊行為にほかならないから、それは有形無形の多くの犠牲すなわち「代価」をともなう。この場合「代価」とは相手の反撃から受ける損害だけでなく、破壊そのもののマイナスの効果をすべて含めた概念である。そして、実にこの暴力の行使に内在する「代価」こそ、暴力の行使を制約する最大の要因となってきたのであった。

とくに、核兵器はその使用の「代価」がいちじるしく高いことはあまりにも明らかである。ここにこそ、核兵器が今日まで使用されなかった大きな理由がある。それゆえにトルーマンは朝鮮事変において、またアイゼンハワーはインドシナ戦争において、核兵器の使用をおさえたのであった。この場合、彼らは敵国の抑制力を恐れなくてもよかったのだ。したがって、制限戦争論の狙いは、核兵器を制限的に使用することによってその「代価」を少なくしようとするところにあった。しかし、きわめて例外的な場合を除いて、戦争は制限することができない。核時代においては、公然たる戦争をおこないながら、その「代価」を制限することは困難である。少なくとも、戦争がいつのまにか拡大していく危険が存在する以上、暴力の行使の「代価」は予測できない。[1]

ここにこそ、中級国家の通常兵力と同盟の意義があるのだ。日本の持ちうる通常兵力は中共の核攻撃に対しては無力である。またこの核兵力を背景にして中国が通常兵力によって攻撃してきても、日本は遅かれ早かれ打ち破られるであろう。しかし、軍事力行使の「代価」の全般的上昇のゆえに、現在ほど、より強い国がより弱い国を攻撃しがたいときはないのだ。とくにアメリカとの間に適切な友好関係があるならば、たとえ中国がかなり侵略的であっても、中国が攻撃してくることはないであろう。何故なら、その場合、暴力行使の「代価」が予測不可能だからであるアメリカは助けにこないかもしれない。しかし、戦争の進展によっては助けにくるかもしれないのである。それは「代価」の予測を不可能ならしめる。事情は日本がまったく軍備を持たず、アメリカとの間の友好関係を持たない場合には異なる。その場合には「代価」がほとんど無視しうるものとなってしまうから、暴力を行使する誘因があれば、それを妨げるものは暴力を持つ国の意思だけになってしまうのである。

それにこの場合、中国の意図を完全に侵略的だと考えることは、それを完全に平和的だと考えることと同じように間違っている。すなわち、万難を排して日本を勢力下におこうと考えているほど中国は悪人ではない。しかし、なんらの抵抗がないときにも、無抵抗のゆえに、これを攻撃してこないほど善人でもないのだ。それに、いかなる国家にも外国の助けを借りても政権をとりたい人はかならず存在するものである。

マキャヴェリはしばしば人間が完全に善人でもなく、また完全に悪人でもないことを嘆いた。人間の行為がどちらつかずの中途半端なものに終ってしまうところに、多くの君主が反対派によって滅ぼされることを彼は見てきたのである。しかし、彼自身がだれよりもよく知っていたように、人間が完全に善人でもなく、また完全に悪人でもないところに政治の必要とその可能性が生まれるのである。われわれはこの政治学のいわば基本をもう一度かみしめなくてはならない。

もちろん、伝統的には戦略理論は相手が善人であるか悪人であるかを問題にしてこなかった。防衛の任務はたとえ相手が完全な悪人であっても防衛することであった。そこでは意図は問題にされなかったのだ。しかし、核兵器の出現によって、戦略の中心概念は抑制力に変化した。そして、抑制力はすでに相手の意図を問題にしているのである。抑制力の理論は、相手方の指導者がその人口の八〇パーセントの損失を賭けるほど悪人ではないことを勘定に入れているのだ。

かくて日本の安全保障は核兵器を持つことなく、かつ現在の軍備を強化することなしに保障されうるであろう。力の役割と防衛の必要性を認める立場から、アメリカとの適切な協力関係をつづけ、日本自身は間接侵略に有効に対処するだけの能力を持てば安全は保障されうることを私は強調したい。

それよりも重要なことは、この最小限必要な軍事力の必要を相当多数の国民が認めることである。実際、今後の世界においてもっともよく用いられる暴力の種類は内乱またはゲリラ戦であろう。何故なら、それは暴力使用にともなう「代価」がきわめて少ない暴力だからである。そしてこうした種類の暴力に対しては核兵器は使いえない。また、ゲリラ戦は革命というある場合には正当な行為との間の識別が、必ずしも容易ではない。したがって、ガロアが核兵器の所有はその国の領土を「聖域」にするというとき、彼は核兵器の力を過大評価して、その「代価」を過小評価し、ゲリラ戦の意義を過小評価して、その「代価」の小ささの持つ重要な意味を忘れているのだ。今日においては、国家は容易に「聖域」とはなりえない。その安全はどちらにしても不完全なのである。だからわれわれは安全保障について、もっとも必要とされているものが国論の統一であることを忘れてはならない。

何よりもわれわれは、核兵器の出現によって軍事力の「代価」が増大したために使いえないものになった結果、国際政治においてこれまでもっとも重要な要因であった軍事力が、次第にその重要性を失い始めていることを忘れてはならない。すなわち、軍事力は影響力として積極的に作用することをやめ始めたのである。その役割は次第に抑制力に限られるようになった。

この事実は、中国の強い自己主張に対して、日本はいかにして自己を主張すべきかという問題を考えるとき、つねに留意すべきことである。核兵器の保有のおかげで中国やフランスが自己防衛をおこなうことができるようになった結果、アメリカとソ連に依存する必要がなくなったことは、彼らに独自の行動をとりやすくさせる働きを持っている。またそれは心理的影響を持っているし、非核所有国との関係においては、力の相違からこれを外交目的に使うことも不可能ではない。しかし、第二の効果は理性的にかつ賢明に対処すれば打ち消されてしまうものなのである。そして第一の効果については、経済的相互依存の関係が濃くなっている今日の世界においては、軍事的に依存しなくてもよいことが、完全な行動の自由を与えるかどうかは、かなり疑わしいのである。

それにド・ゴールと毛沢東が今日持っていると考えられている発言力は、いささか過大評価されている傾向がある。彼らはパックス・ラッソ・アメリカーナに内在する欠陥をつくところにその発言の支持者を見出しているのだ。第一にパックス・ラッソ・アメリカーナは世界的な規模の力の均衡であり、かつ安定した均衡であるけれども、それは世界の各国によって承認されてはいない。かつては強国がその強さに比例した利益を享受することが黙認された。しかし、いまは低開発諸国が貧困から脱出する権利を主張しているのである。この低開発諸国の人々の欲求を満たさないとき、強国は強国として認められない。それはすべての政治体のなかで見られることといえるかもしれない。すべての政治体においては強者が支配する。しかし、彼はそうする間に弱者の利益にある程度奉仕しなければ、支配の正当性を認められないのだ。

そしてアメリカもソ連もこの仕事に成功してはいない。またいくらかの国は、両国、とくにアメリカのやり方に批判的である。ここにド・ゴールの第三世界への呼びかけや、毛沢東のアフリカへの外交的攻勢が受け入れられる理由がある。

パックス・ラッソ・アメリカーナに内在する第二の欠点は、紛争を平和的に処理し、ステータス・クオを平和的に変えるなんらの手続を持っていないということである。それは軍事力が使用されなくなったということのもたらしたひとつの結果である。たしかに核手詰りと呼ばれる状況のために軍事力が用いられないことは、冷戦を凍結させた大きな要因である。しかし、それは裏を返せば国際紛争が解決されないままになっているということなのである。人間は武力の後押しなしに国際紛争を解決する手段をまだ生み出してはいないのだ。その結果、世界各地におこった紛争は未解決のまま、長引くことになってしまった。そのもっともよい例がインドシナ半島であり、台湾であることはいうまでもない。ド・ゴールの外交は、これらの問題に関して大胆に発言することによって、大いにその威信をたかめたのである。

しかし、この過程においてド・ゴールと毛沢東が解決への実質的な役割を果したかどうかは疑わしいのである。何故なら、彼らの場合にもその行動を後押しする力は存在しない。ド・ゴールのインドシナ半島の中立化案は現実化しそうもないし、第三世界への呼びかけは観念に終っている。また、中国はたしかにアフリカに対して強力な外交的攻勢を展開している。多くの友人が作られ、その革命方式に心酔する人々も現われた。しかし、中国はこれらの国がもっとも欲する援助を与えるだけの経済力を持っていないのだ。

要するに核兵器の出現は力の性質を変え始めた。国際政治を理解するためには、力という実体概念と、それがもたらす影響力とを分ける必要がある。そしてかつての国際政治においては力の中核は軍事力であり、その大きさと影響力の大きさとは比例した。しかしいまや、この比例関係は消滅したのである。そして軍事力は力の中核ではなくなり始めた。しかし、軍事力にかわって国際政治を動かす要因はまだ現われていないのだ。現在ほど力の概念があいまいなときは少ないであろう。実に国際関係の多元化とは力の多元化であると定義することができるかもしれない。軍事力だけで計るならば、アメリカとソ連は他を断然ぬきんでている。しかし、この事実は力の概念そのものが明確でない今日においては、かならずしも両国の影響力の優越を意味しないのである。

われわれは何よりもこの事実に注目しなくてはならない。たしかに、国際政治において発言力を持つためには国力を持つことが必要である。しかし、いまやその国力の内容が変りつつあるのだ。それは経済力と知的能力を中心としたものに変化しつつある。何故なら、この二つの能力こそ、世界の人々の基本的欲求を満たすものだからである。力とは結局、人間の基本的欲求を満たす能力なのだ。

軍事力もかつては人々の基本的欲求を満たす重要な手段であった。戦争はどこからともなく起ったから、それに対して安全を保障することはもっとも基本的な欲求であった。より重要でさえあることは、それは自己主張のためのもっとも有効な手段であった。しかし、軍事力が過度に発展した結果、軍事力のこの二つの機能は、きわめて疑わしいものとなってきたのである。

ただ、われわれは軍事力を抜き去った場合、国際関係をいかにして処理するかをまだ知っていない。われわれは他の力を推進力として外交をおこない、国家利益を守り、自己を主張する方法をまだ十分に発展させていないのだ。しかし、経済力が今後の二十年間において、人間の欲望を満たす基本的な手段である以上、力の核心がそちらの方向に移って行くことは、必然的ということができるであろう。

そしてこの場合、経済力の核心を構成するものは知的能力という言葉で総称されうるものであることが忘れられてはならない。何故なら、現在われわれが直面しつつある問題はこの知的能力にかかわる問題だからである。知的能力とは、たんに科学技術や基礎科学だけでなく、それを社会のなかで生かすために必要な社会工学を含む複合物であるが、それは現在二重の挑戦を受けているのだ。第一は先進国がすでに持っている知的能力をいかにして低開発諸国に伝えるかということであり、第二は、先進国自身が、高度工業国家に必要な新しい知的能力を発展させることである。現在先進工業国は、第三の産業革命と呼ばれるオートメーションの出現による変化の時代に入りつつあるのだ。

第一の問題、すなわち低開発諸国開発問題の核心が、いかにして知的能力という伝えがたいものを伝えるかにあるかということは、ようやく最近になって、理解されてきた。資本を投下し、工場を建てるだけでは低開発国の経済は少しも良くならない。しかし、知的能力を他人に押しつけることもできないのである。それはこの仕事にたずさわる人間の献身的態度と、根気のいる説得とを必要とする。ケネディが平和部隊を考えたのは、まさにこの点に注目したからであった。

第二の問題の重要性は、いまや先進工業国においてより明白に認められている。

この意味で、もっともしずかな事件であった英国労働党の勝利は、もっとも重要な意味を持っている。ウイルソンはイギリスが世界において次第に発言力を失いつつあることを指摘し、その理由を保守党の科学技術政策の失敗に求めた。保守党はイギリスの伝統的な大学制度にとらわれて科学技術教育をおろそかにしてきた。科学者は優遇されず、アメリカに流出している。ここにこそイギリスが世界政治において発言力を失いつつある基本的な理由がある、とウイルソンは主張した。彼のこの発言がイギリス人の心を捉えたからこそ、労働党は保守党を破って政権を取ることができたのである。

実際、ウイルソンとケネディは、国民の知的能力を生かすことの重要性を認め、そしてその手がかりを知識人に求めたことにおいていちじるしい共通性を示している。ケネディは大学に集められた知的能力がいかに重要な点火剤となるかを知って、これを尊重した。彼は大学教授の協力を求めるとともに、平和部隊を創設した。それは先進国が受けつつある二重の試練に対するひとつの回答であった。ウイルソンはいま、同じ課題に取り組もうとしている。

この二重の挑戦に立ち向うことができたとき、そこには大きな変化が起るだろう。異なった国家が生まれ、異なった力が出現し、異なった国際関係が生まれるだろう。われわれは今からその変化のすべてを知ることはできないが、この変化に対処するために要求されるのが知的能力であることは疑いない。

だから、日本の政治家に見られる知的な問題に対する関心の欠如は、実に由々しいことなのである。かれらは、これから起ろうとしている、知的能力を推進力とした変化に対処する用意を持っていないように思われる。われわれは経済復興と建設にめざましい成功を示した。しかし、つねに成功は失敗と同じくらいおそろしい。われわれはこれまでと同じ努力をくり返しておこなうことによって、より豊かな社会を作ることができると思いがちである。しかし、実は要求される努力の質が変化しつつあるのだ。われわれはこの新しい仕事に正面から取り組まなくてはならない。ひとつの時代が終り、新しい時代が始まらなくてはならないのだ。

十月の二週間は、変動する国際政治を、その複雑な姿のまま、われわれの目の前に示した。それを長いパースペクティブで見るとき、その意味は明らかである。アメリカとソ連は戦後の十五年あまりの間、第二次世界大戦の戦後処理をめぐって軍事的に対立した。やがて、両国の間に力の均衡が生まれ、パックス・ラッソ・アメリカーナが確定した。しかし、核兵器の特異な性格のために、パックス・ラッソ・アメリカーナが確定したその瞬間から、国際政治の焦点は別の方向へと動き始めたのである。多元化と呼ばれる変化はこうして起った。ガロアはこの変化のなかで、核兵器の持つ意味を抑制力に限るとともに、そのかぎりにおいては核兵器の意味を強調することによって中級国家の核武装に理論づけを与えた。中国の戦略理論は知りえないけれども、もし人がその「ちっぽけな原爆」を嘲笑したならば、ガロアとほとんど同じ理論で応酬するであろう。

しかし、この変化はガロアの予想したよりも、もっと徹底したものとなるだろう。核兵器の出現は軍事力の行使に伴う「代価」をいちじるしく増大させ、また、暴力の「飽和状態」を容易に達成しうるものとさせてしまった。そして、軍事力の増大は影響力の増大を意味しないことになり、その結果、力の性質そのものが変化し始めたのである。われわれはこの変化を正確に捉え、賢明な方法によって対処することによって、核の挑戦に対処することができる。しかし、もしわれわれが今までのように核兵器の問題をただ道義的に扱うことをつづけるならば、われわれは依然として不安な状況のなかで、不名誉に生きることを余儀なくされるであろう。

（1）核兵器が使えない兵器であり、そして他の軍事力の使用をきわめて限定することがその主要な機能であるということは、いくつかの要因によるものであり、それゆえ、今後も核兵器が使用されるようなことはまず考えられない。まず、核兵器はその極度の破壊力ゆえに、人道主義的な感情がその使用への強い抑制力となり、世論の反対という形で政治的な現実となっている。次に、核兵器を使用した場合、他国の報復の可能性が恐れられる。現在、どのような形で核兵器を使用しても自ら傷つくことなしに核兵器を使うことはできないような相互抑止の体制が米ソ間に成立しているのである。第一の点は、核時代における平和運動によって強く主張されて来たし、第二の点は、核抑止として知られる。そして、平和運動と核戦略家はお互いに非難しあって来たが、それらはともに、核兵器の使用を抑止するのに役立って来たのである。

それにくわえて、核兵器の性質そのものがその使用を不可能にしている。ひとつには、核兵器の破壊力の大きさゆえに、それを戦術的に使用することはほとんど考えられない。兵力を適当に分散すれば戦術核兵器を使用すべき目標はなくなるし、たとえ存在しても全面核戦争へのエスカレーションの恐れが大きな制約となる。また、核戦争がおこれば、たとえ自国が無傷であっても、他国の完全な破壊につづいて、国の内外で無秩序が現われるので、その結果は妥協や小さな敗北よりもはるかに恐ろしい。つまり、核戦争における完全勝利は、小さな敗北よりも恐ろしいものとなりうるのである。

以上の理由から核兵器は使われてこなかったし、また小さな軍事衝突がおこっても大きなエスカレーションがなかったのである。核が使用されないことについては、こうした広い文脈において考えられるべきであり、その一つまたは二つだけに理由を求め、それによって、不必要で、愚かな危機感を持つべきではない。もっとも、こうして核兵器が使われないにもかかわらず、それがわれわれに大きな問題を与えるものであることについては、高坂正堯『国際政治』で触れた。

海洋国家日本の構想

第一部　日本の国際政治的位置

考えれば考えるほど日本は判らない国だ。日本を研究する外国人たちはだれでもそう思うらしい。日本は戦争の痛手からすばやく立ち直り、その後も引きつづいて目ざましい経済成長を成しとげてきた。いまやその鉄鋼の生産額は世界で第三位となった。

しかし、こうして大きな国力を持ちながら、日本はその国力をいかなる方向に向けるべきかを迷っている。日本人は国民的目標を失ってしまったらしい。この事実に着目して「ニューヨーク・タイムズ」の記者、ローゼンタールは日本を「臆病な巨人」と呼んだし、ノーマン・カズンズは彼の著書を『魂を失った日本の繁栄』と名づけた。どちらにしても、彼らは共通して、日本の経済的繁栄と国民的目標の喪失という矛盾に、強く印象づけられているのである。

もちろん、われわれ日本人もこの事実に気づいてはいる。しかし、われわれは外国人のように突き放した態度をとることはできない。だからわれわれは当然あると思ったものが見つからないときのように、いらいらしてあちらの引出しやこちらの戸棚を探し回ったり、あるいは国民的目標が失われた理由を身近かに求めて、敗戦の精神的打撃とか、戦後の民主主義が旧支配層によって空洞化された事実とかをあげることになってしまう。そして、現在の日本にとって国民的目標を見出すことがいかに困難であるかということや、その困難さが日本の置かれた国際政治的位置のむつかしさにもとづくものであることを、考えてみようとしないのである。

しかし、元来国民的目標というものは、その国民のおかれた国際政治的位置の意味づけなのだ。たとえば、フランスはヨーロッパの政治的・文化的中心として自己を位置づけようとした。イギリスは七つの海の支配者たろうとした。それらはそれぞれの国の国際政治的位置に普遍的な意味を与えるものであった。

そのことは、その国の取っている政策が表面的には消極的なものである場合にも変りはない。たとえば、アメリカは十九世紀には孤立政策をとっていた。しかし、その国民的目標であった「明らかな運命」(manifest destiny) は旧世界によって毒されぬ新世界の建設を意味するものであったし、その意味で孤立政策はアメリカの国民的目標とつながっていたのである。おそらく、同じことがソ連の一国社会主義についてもいえるであろう。それはとりあえずソ連に社会主義国家を建設することが世界革命につながると規定することによって、一九二〇年代のソ連の国際政治的位置を意味づけたものであった。

ところが、現在の日本の国際政治的な位置を意味づけることは、きわめて困難なのだ。何故なら、日本は東洋でもなければ西洋でもない。それは自己を同一化すべき何物をも持っていないのである。

日本はこの百年間にほぼ完全に西欧化された。それも、近代工業や交通機関など、かつて佐久間象山が「西洋の芸術」と呼んだものだけでなく、われわれの生活様式や習慣までもが大いに西欧化されたのである。さらに、西欧化は文化や価値の面にまで及び、いまやシェークスピアとベートーベンほど、多数の日本人によって文化価値として認められているものはない、といってよい状態となっている。

そして、国家間の交流にしても、日本の貿易と人的交流の半ば以上はこれら西欧諸国との間におこなわれているのである。ジェット機と大型貨物船は地理的な距離を、ほとんど無意味にしてしまったからである。だから、すべての世論調査において、アメリカとヨーロッパの国々を、もっとも好きな国としてあげる人がほとんどすべてを占めることも、当然のことかもしれない。まったく、ある外人記者が、日本は東洋の端にある国、すなわち「極東」ではなくて、西洋の端にある国、すなわち「極西」であると言ったのは、この事情をみごとに捉えているのである。

しかもなお、われわれは西洋と日本を完全に自己と同一化することはできない。ほとんど完全に西欧化された生活様式の片隅に、なにか調和しないものを、われわれは持っているのだ。そして、もっとも好きな国としてアメリカやヨーロッパの国をあげているときでさえ、われわれの心にはどこか東洋的なものへのあこがれが残っているのである。現在の若人たちは中国の風物や漢詩にはもはや興味を示さないかもしれない。しかし、彼らの価値観の中核には、日本文化の中核を形成し、その後日本的に変形しながら生きつづけて来た中国文化の価値が、依然として存在しているのだ。

この矛盾した事実にこそ、われわれが国民的目標を容易に見出しえないでいる理由がある。それは何故「自由世界の第三の柱」という目標が、広い国民的支持を受けないかということを考えてみれば、ただちに理解されるであろう。それは一部の人がいうように、意味のない目標ではない。西ドイツやアメリカで、同じ池田首相の言葉が多くの人の共感と支持を得ているのである。何故なら、日本は自由世界の第三の柱としての重要性と能力とを持っているし、自由世界の第三の柱となることは大いに立派なことだからである。

しかし、われわれは自由世界がすなわち西欧であることを知っているために、西欧と完全に自己を同一化することにどうしても疑問を持たざるをえないのである。もし問題が自由主義世界と社会主義世界というだけであるならば、日本人にとって選択はより容易であったにちがいないと私は思う。日本人の圧倒的多数は自由主義を選択し、その第三の柱となることに満足したにちがいない。しかし、われわれの心には、それでは満足し切れない何物かが残っているのである。さらに、それはただたんに文化や価値の問題ではなくて、地理的・軍事的な問題でもある。たしかに大型貨物船は物理的距離の問題をほとんど経済的に無意味にしてしまった。しかし、なんといっても、距離の近さは重要な意味を持っているのだ。軍事的・政治的・心理的にそれは重要である。ところが、日本は異なった政治・経済体制を持つ中国およびソ連のきわめて近くに位置し、これに反して、同じ政治・経済体制を持つ西欧とは、広い海によってへだてられているのである。だから、それは「極西」であるばかりでなく、「飛び離れた西」なのである。

それはさしあたっては鋭い問題を提出してはいない。しかし、この状況がやがてわれわれに提出するであろうジレンマをフランスの軍事理論家ガロアは、きわめて鋭角的に捉えているのだ。彼は中共の核武装がその周辺の国家にきわめて大きな影響を与えるであろうと考え、日本もまた、将来次のような選択を迫られるであろうという。

「もし日本が北京からの脅威に対抗するためにいっそう米国の保護を必要と判断すれば、日本は米国を中心とする太平洋安全保障体制の発展を必要と考えてくるかもしれない。しかしその場合、日本はワシントンに対していっそう依存度を強めることになる。それに対する代案は中立主義を取って中共と友好関係を保ち、親善を求めて行くという行き方である。しかしその場合、日本は中共との関係において真の独立性を失ってしまうだろう」

もっとも、この場合ガロア自身もそれは遠い将来の問題であることを認めている。また私が後から述べるように核兵器がガロアのかかげた鋭い選択を迫るとは思わない。しかし、デカルトの弟子をもって任ずる純粋理論家の彼は、日本の置かれた国際政治的位置のむつかしさを、力関係だけを写し出すレントゲン写真で見せるように明確に写し出している。日本は東洋でもなければ西洋でもない。日本は「飛び離れた西」なのだ。そこに、われわれが直面している状況のむつかしさがある。一体、われわれは、このジレンマを通り抜けることができるだろうか。

その問いに答える第一の鍵は、日本の国際政治的位置が歴史的にいかに変遷してきたかをふり返ってみることにある。何故なら、この日本の国際政治的位置の特殊性と困難性は、長い歴史の結果、つちかわれたものなのである。実際、その形こそ異なれ、同じジレンマはかつて日本が「極東」の国であったときにも、やはり存在したのであった。

太平洋戦争に敗れるまで、日本はみずからをアジアの盟主と考え、西力東漸に抵抗する最後の砦とみなしてきた。その考え方がいかに一般的であったかは、アジア主義者とはほど遠い和辻哲郎の次の文章を引用することによって十分明らかになるであろう。

「近代以後にあっては、ヨーロッパの文明のみが支配的に働き、あたかもそれが人類文化の代表者であるかのごとき観を呈した。従ってこの文明を担う白人は自らを神の選民であるかのごとくに思い込み、あらゆる有色人を白人の産業のための手段に化し去ろうとした。もし十九世紀の末に日本人が登場して来なかったならば、古代における自由民と奴隷とのごとき関係が白人と有色人との間に設定せられたかも知れぬ。……日本人のつとめた役割は、本質的な方向から言えば十億の東洋人の自由の保証である」（「文化的創造に携わる者の立場」）

しかし、日本は決して真実の意味でアジアの盟主となることはできなかった。そして、この問題についてはこれまでにも多くの研究がなされ、今日では、「脱亜」と「即亜」のからみ合いから日本の悲劇を説明しようとするのが通説のようになっている。日本の近代化は「脱亜」の方向でおこなわれてきた。もちろん、それに対して西欧列強に対する東亜諸民族の協力を説く人々、すなわち「即亜」の方向を主張した人もあった。しかし、「即亜」は反権威的・在野的気分の混沌とした渦巻のままで理論化はされずに終ってしまった。彼らは気持の上ではアジア解放の志に燃えてはいたが、実際には日本の帝国主義的進出の尖兵として終ってしまったし、一方「脱亜」もこの帝国主義的進出を必要としたから、これと結びついて不幸な事態がくり返されることになった。

それは十分説得力のある議論のように聞える。しかし、ここで二つのことが注意されなくてはならない。ひとつは、アジアという概念はヨーロッパの反対概念として生まれたものであり、したがって、その実体は西欧列強の進出への対抗にほかならないということである。つまり西欧列強が進出してくるまではアジアなどというものは存在しなかったのだ。どう考えても、日本からインドにいたるアジアという実体が、西欧の進出以前に存在したとは考えられない。アジアは西欧の進出に対抗してみずからを近代化させ西欧化させながら興ってきた。この意味では日本はうたがいもなくアジアの一員である。そして、他のアジア諸国よりも飛び抜けて早く近代化し、それによって、アジアを背負うことになった日本にとって、「興亜」と「脱亜」もしくは「侵亜」が、しばしば同一のものとなったことは、悲劇的な必然であったように思われる。

もちろん、明治の日本人たちはアジアという概念を、中国を中心とする東洋という実体と結びつけて考えていたし、「脱亜」と「即亜」のからみ合いを問題にする現在の学者たちも、この二つの異なった概念をいつのまにか結びつけてしまっている。そして、それには理由がなくもない。日本の文明はその起源を中国に持っているし、それゆえに東洋的なものは人々の価値観の中心を構成するものとして、日本人のバックボーンとなり、西力東漸に対する抵抗の精神的基盤となったからである。とくに、日本が唯一の非西欧国家として、すなわち、唯一の「極東」の国として、西欧の国々によって支配される国際政治に入って行くとき、日本は東洋的なもの以外に、自分を支えるものを見出しえなかったのである。

しかし、今日この区別をおこなわないままに議論をすすめるならば、日本が東洋のなかにおいていかに特殊な位置を占め、その結果日本が中国とはなれていかに独自の文明を作り出していたかが忘れられてしまう。日本の近代化を「脱亜」と捉えることの危険は、そうすることによって、近代化を始めるまでの日本を中国と同一視してしまうところにある。事実は、近代化を始める前から、日本は中国とは異なっていた。当時の人々は、日本と中国が近代化という同じ課題を、同じ出発点から始めたと考えていた。そしてそこから、「脱亜」と「即亜」の苦しみが生まれた。しかし課題は同じでも、出発点は明らかに異なっていたのである。

この事実は日本において梅棹忠夫氏や、竹山道雄氏などによって注目され、アメリカにおいてもライシャワー氏によって指摘されてきた。たとえばライシャワー氏は、日本と中国の近代化の速度にいちじるしい差異をもたらしたものとして、

一、日本と中国の対外観の相違（日本は海外の文明を進んで取り入れる伝統を持っていた）。

二、日本では、中国のように中央集権的な強力な政権がなく、封建的な地域的政治集団が割拠していて、対外反応にも多様性があったこと。

三、日本では、封建的な身分制度が強固であったために、人々が「目標指向型」であったこと。

四、社会的に安定した徳川時代を経て、経済的諸機関がすでに中国のそれより発展しており、企業意識が旺盛であったこと。

以上をあげている（『中央公論』一九六三年三月号「日本と中国の近代化」）。

これらの指摘はうたがいもなく正しい。しかし、また、日本が中国に文明の起源を持ち、その

後も引きつづいて中国文明の影響を受けてきたことも事実なのである。しかも、日本は重要ないくつかの点において中国と異なっている。この二つの相矛盾する事実を説明するものは一体なんであろうか。

それは日本がいわば東洋の離れ座敷であったという事実であると私は思う。日本人は中国を近いところにある国と考えてきたし、たしかにそれは朝鮮を除いて一番近くにある。しかし重要なのは、日本が中国の文明からもっとも深い影響を受けた時代においては、中国は遠い遠い国であったことだ。日本と中国の間には波高い玄界灘と広大な南シナ海があった。それを渡って中国におもむくことがいかに大変だったかは、遣隋使や遣唐使がいかに大きな困難を克服しなければならなかったかを見れば明らかである。鑑真はあちらに流され、こちらに流されて、唐から日本にやってくるのに十年もかかってしまった。阿倍仲麻呂は帰りそびれて「あまのはらふりさけ見れば春日なる　三笠の山に出でし月かも」という有名な歌をよんだ。

その結果、日本は中国の文明をほぼ完全に取り入れながら、それらを日本化することができた。日本に入ってきた最初の中国文明を代表するものとして、銅鏡がいかに日本化されたかという過程は、その後のすべての日本と中国の交流を象徴しているように思われる。日本人は、中国人にとっては宗教的な意味があった怪獣紋を純粋に装飾として扱い、それがいつのまにか幾何紋に変り、やがて家屋紋や樹木紋のように自然主義化されていったのである。同じことは、その後の日中関係を通じてくり返されたし、その結果として、近代の始まりには、近代化を促進する要因を持った日本が生まれていたのであった。

また、日本は中国周辺の国のなかで、はっきりとした貢納国とはならなかった唯一の国となった。それは日本と中国の間の公文書のやり取りを見ても、あいまいに終っている。気の強い秀吉や聖徳太子は貢納国という形式に反撥した。完全に実利的な足利氏は貢納国という形式を利用した。しかし、それはどちらでもよかったのである。何故なら中国はあまりにも遠い存在であり、決して日本にとって現実の脅威とはなりえなかったのである。日本は自分の好みに応じて、かつ、朝鮮人や越南人のような大きな代償を払うことなしに、高度に発達した中国文明を取り入れることができたのであった。

おそらく、文明の交渉史を通じて、日本と中国の交渉ほど特異なものは存在しないであろう。それはある程度までヨーロッパとイギリスの関係に似ている。しかし、イギリスはあまりにもヨーロッパ大陸と近接していたから、シーザーによって征服され、ノルマン人によって征服され、それが歴史を形成する基礎的事実となった。しかし、日本はほぼ完全に孤立しながら、しかもみずからの文明の発達には必要な程度の文明を取り入れることができたのであった。それは東洋の離れ座敷であったのだ。

他方、中国にとって日本は重要な対外関係ではなかった。中国人にとっては、彼らが夷狄と呼んでいた西域の民族との接触がもっとも重要な関係であった。何故なら、近代にいたってヴァスコ・ダ・ガマがインド航路を発見するまで、この西域こそ世界のもっとも重要な交通路となっていたからである。

こう考えてくると、日本の置かれた特異な国際政治的位置を理解するためには、世界のコミュニケーションの構造がどのように変遷してきたかを考え、そのなかで日本がどのような位置に置かれてきたかを考えてみなくてはならないことが判る。トインビーを引用するまでもなく、文明と文明との間の交渉こそ歴史を規定する最大の要因であった。そして、その交渉を支えるコミュニケーションの構造こそ、ある文明やある国家の国際政治的位置を決定するものなのである。①

ごく最近での人類の歴史を通じて、コミュニケーションのもっとも有力な手段となってきたのは海とステップおよび砂漠であった。それらはともに、そこに人が住み、生活の糧を生産することはできないが、しかし、交通という見地からは大きな便宜を与えてくれるものである。陸の上ならば、道路がなければ動くことはできない。しかし、海は船さえあれば、ステップは馬、砂漠はらくだがありさえすればよい。

だから、いくつかの異なった国と文明の連関から構成される世界が、まず地中海の沿岸に生まれたことは当然のことであったかもしれない。地中海は史上最初の世界史の海として現われたのである。波静かで、隣接する島を肉眼で見ることができる地中海は、海によるコミュニケーションに最適の場所だったからである。その結果、マイヤーが地中海世界と名づけたように、古代世界は地中海を中心に展開し、営まれることになった。アンリ・ピレンヌを引用するならば、「ローマ帝国という、人間が作り上げたあの驚嘆すべき建造物のあらゆる特徴のなかで、もっとも顕著な、またもっとも本質的な特徴はその地中海的性格であった。言葉のあらゆる意味において『われらの海』であるこの海は、思想の、宗教の、また商品の交流の媒介役を演じていた。帝国内の一切の活動がこの広大な湖のほとりに集中していた。地中海がなければローマはアフリカから小麦の供給を受けることもできなかったであろう。全属州の交通が街道を通じて地中海へ寄り集った。逆に海から遠ざかるにつれて、文明はより稀薄になって行った」(『ヨーロッパ世界の誕生』)

ローマ帝国の地図が地中海を中心に描かれ、大雑把に言うと五円銅貨のような形になっていることが、地中海世界の構造を何よりも良く表わしているのである。しかし、地中海以外の海を航行する能力を人間はいまだ持っていなかった。大西洋の彼方は恐るべき滝であると考えられていたのである。

そこで、西洋文明と東洋文明をつなぐコミュニケーションの道は、その間に広がる巨大なステップに求められることになった。そしてその動向が世界全体の歴史を大きく動かすことになったのである。たとえばジンギスハンが出現し、この巨大なステップを平定したことが、どれほど東洋と西洋の交渉を促進し、そこからとくに西洋が、どれほど大きな刺激を受けたかは、だれでもが知っていることである。かつてトインビーはこのステップを海にたとえ、言語の分布からそれを証明したが、ステップはまさに海であったのだ。

これに対して日本の周囲の海は、海であって海ではなかったのである。それはコミュニケーションの道として十分に使われてはいなかった。たしかに、日本人はその道を時おり使って中国に出かけて行った。しかし、それはまったく断続的なものであったし、世界のコミュニケーションの構造から言っても、日本はまったく辺鄙なところにあった。玄界灘と南シナ海は、日本人と中国人がごくまれに利用する海ではあっても、世界史の海ではなかったし、そして、日本が東洋の離れ座敷でありえたのは、まったくこのコミュニケーションの構造にもとづくものであったことは明らかである。

日本が世界的なコミュニケーションのなかに組み入れられるようになったのは、日本の周囲の海が世界史の海となってから後であった。この変化はもちろん、新航路の発見と呼ばれる一連の発見によって始められた。それは地中海とステップというそれまでのコミュニケーションの構造を根本的にくつがえすものであった。もちろん、それまでにも徐々にではあるが、地中海以外の海も使用され始めていた。バルティック海と北海を舞台として活躍したハンザ諸都市の商人がその良い例である。しかし、彼らの活動は沿岸の航行に限られていた。大洋を横切って航行することは十五世紀から十六世紀にかけての探検者たちを待たなければならなかった。

そして新航路の発見によって、西欧の人間はそれまでに数倍するコミュニケーションの便宜を持つようになり、世界に拡大して行ったのである。やがて、彼らは日本を訪れた。そして、ポルトガル人が種子島についたその瞬間から、日本は東洋の離れ座敷ではなくなり、「極西」の国の性格を帯び始めたのである。日本は依然としてコミュニケーションの端にいたが、しかし、いまや世界的なコミュニケーション構造のなかに入るようになった。それゆえに、外国の文明は日本の歴史上、蒙古の来襲という突発的事件を除けば、初めて力として、したがって脅威として、日本を訪れたのである。

長谷川如是閑氏は『日本的な性格』のなかで国民的性格の複雑さに触れ、次いで、日本人もまた正反対の性質を持っていることの例として、上代の「非常に寛容な国際的性質」と徳川時代の「国民的排他主義」の対比をあげている。そして、「歴史的環境が、その正反対の性格のどちらをもっとも多く必要としたかということによって、その相反する性格のどちらかが、より強くその自国の歴史に現われる」ことに注意しているが、それはまさに的を射た指摘である。古代において、外国文化は日本にとって決して脅威ではなかった。しかし、近代のそれはひとつの力であり、したがって脅威であったのだ。日本人がそれに対して強い警戒の念を持つようになったのは当然であるかもしれない。

もちろん、だからと言って鎖国が望ましい政策であったというわけではない。それは後に述べるように大きな悲劇であった。しかし、ともかく日本は、それから二世紀半の鎖国に入ったし、そして、それが可能であったのは、日本に達するコミュニケーションの線がきわめて細かったからである。やがて、産業革命が技術の力を増大させ、このコミュニケーションの線を太くしたとき、日本は否でも応でも、東洋の離れ座敷に安住していることはできなくなったのであった。それに、今度は東シナ海の方向だけからでなく、太平洋の方向からも外国は現われたのである。

それまでの間に、新航路の発見につづく海洋のコミュニケーションの発達とその覇権をめぐる争いは、まず大西洋を中心にして展開した。それはシーリーの描くように、十八世紀におけるイギリスとフランスの争覇戦となり、イギリスの勝利に終った。十九世紀は、ヨーロッパを新世界とつなぐコミュニケーションの構造を、イギリスが支配することになり、そこからイギリスの指導力が生まれた。実際、十八世紀の半ばから十九世紀の半ば、すなわち鉄道が一般化するまでの間、海は排他的な重要性を持っていた。それはまさに大西洋世界という名前にふさわしいものであった。貿易の地域別統計が、それをなによりもよく示しているのである。

この過程において、イギリスから分れて独立したアメリカは大陸を西へ西へと開拓して進み、それと同時に太平洋へと乗り出したのであった。この事実こそ太平洋を世界史の海としたものとして重要な意味を持っている。それまで、日本の周囲では、南シナ海は世界史の海ではあったが、しかし、太平洋はいまだに海であって海ではなかったのだ。だから、日本の開国が、太平洋を越えてやってきた［北岡伸一註］ペリーによって強いられたことは実に象徴的な意味を持っているように思われる。

このようにしてコミュニケーションの構造のなかに組み入れられた日本のとるべき道が近代化であったことはいうまでもない。そして日本は東洋の離れ座敷として、中国とは異なった出発点にいたから、容易に近代化することができた。さらに、こうして日本が内在的に中国と異なった発展をしていたことと並んで、世界のコミュニケーションの構造のなかに日本が置かれた仕方が重要な意味を持っていた。

中国と異なって、日本は西欧諸国を脅威として受けとった。何故なら、西欧との接触は日本にとって外国との間に国家としてコミュニケーションを持った最初の経験であったからである。そして、日本が西欧諸国を脅威として受けとったからこそ、あの目ざましい近代化をおこなうエネルギーが生まれたと私は思う。中国はそれを脅威として受けとるまでに、あまりにも時間がかかりすぎた。この意味でも、日本が東洋の離れ座敷であったことは重要なのである。こうして日本は近代化を始め、「極西」の国となって行った。それは先に述べた悩みを与えることになったのである。

しかし、実は日本にとっての問題は、近代化とそれから生まれる「脱亜」と「即亜」の問題だけではなかったのだ。日本はアメリカとの間に太平洋の覇権をめぐる争いを持っていた。日本は海洋国として、その防衛のためには、太平洋の少なくとも一部を支配しなくてはならなかった。しかし、それに対してアメリカにとっても太平洋は重要であった。それは西漸運動のつづきという意味を持っていた。

だから二十世紀のアメリカ史におけるもっとも一貫した流れは、太平洋における海軍力の発展ということになった。アメリカは大西洋においてはイギリスと協力し、太平洋を支配しようとした。ワシントン会議では日本とアメリカの間に一種の妥協が成立し、太平洋は西と東とに分けられた。しかし、それには日本がこうして得た西太平洋の支配権を、中国の独占的侵略に向けないという但し書がついていたから、日本の満州侵略はワシントン会議の妥協を破壊することになったし、やがて日本とアメリカは戦うことになった。そして、アメリカ海軍は日本海軍を破り、その結果、アメリカは太平洋を完全に支配し、第二次世界大戦の結果、国力の衰えたイギリスに代って世界の海を支配することになった。

もちろん、それがアメリカ史のすべてではない。そこには民主主義の理想が作用し、キリスト教の布教の情熱が加わった。しかし、太平洋戦争は、アメリカの民主主義が日本の軍国主義を打ち破っただけではない。また、日本の「侵亜」が罰せられただけではない。太平洋戦争のもっとも簡単で、そしてもっとも重要な事実は、アメリカ海軍が日本海軍を打ち破ったという事実なのである。この事実を理解しないかぎり、現在の日本の国際政治的位置を理解することはできない。

太平洋戦争は「興亜」と「脱亜」と「侵亜」を分けることができないままに、無理じいしてきた日本の動きを破綻させた。より正確にいえば、日本による「興亜」と「侵亜」は終った。そしてアジアとヨーロッパのドラマは別のところで、別の形で始まったのである。次にそれは、日本とアメリカの間の太平洋の争覇戦を終了させ、日本をアメリカの勢力圏のなかに入れた。一方、中国が共産化し、アメリカがこれに対して不承認政策をとるようになった結果として、日本と中国のつながりは絶たれた。かつては東洋の離れ座敷であった日本の文明の源流である中国、そして最近では「興亜」と「侵亜」という妙な形でつながっていた中国、それとのつながりは絶たれたのであった。かくて、日本にとって残された道はひとつしかなかった。それは「脱亜」を徹底させ、「極西」の国としてその発展に全力をあげることであった。そして、それはかつて日本が東洋の離れ座敷であったという事実を除いて、それほど不自然なことではなかったのである。

（1）地理的条件は外交政策を決定するきわめて重要な要因である。昔から、政治における地理的条件の重要性はくり返し強調されてきた。気候、地形、土地の肥沃さ、資源の有無などが、その国の生産方式と生活のしかたに影響を与え、したがって社会の形態や政治のあり方に影響を与えることは、多くの人々によって注意され、重要視されてきた。とくに国際政治において、地理的条件はきわめて重要視され、ほとんどすべての外交政策決定者によって決定的要因とみなされたのである。イギリスの外交官はイギリスがヨーロッパ大陸の側に位置する島であるという事実からその外交政策の検討を始めたし、地理的境界の明確さに不足したフランスの外交官は「自然国境」を求めてその外交政策を練った。もちろん、こうした地理的条件の重要視はときには適当な範囲を越え、一部の地政学者に見られるような決定論に堕することによって国際政治現象を認識する助けとならずに、かえって誤った認識をもたらすことになってしまったけれども、そうした地政学者の失敗は国際政治における地理的条件の重要視が間違っていることを示すものではない。地理的条件を過度に強調したり、その他の条件を無視して地理的条件だけからすべてを説明することが誤りであるのを示しているだけなのである。

地理的条件はとくに二つのしかたを通じて政治に大きな影響を与える。まず地理的条件は国の内外の運輸、通信のあり方に影響を与えるが、それは国内体制のあり方に影響を与えるとともに、国家間の交流を規定するものである。昔から言われてきた海洋国と大陸国の区別は、この点に注目したものであり、海の上を船舶によって旅行して他国と交渉する国と、馬や鉄道や自動車によって他国と交通する国とは、その対外関係が確かに異なるのである。第二に、地理的条件はその国の生産力に大きな影響を与える。農業が中心的な産業であったときにはその土地の肥沃さがそのまま生産力を決定したし、産業革命においては鉄や石炭などの鉱物資源を持っている国が有利な立場に立った。今日では土地の肥沃さや鉱物資源の有無は、過去のような決定的な重要性を持ってはいないけれども、しかし、あとから明らかになるように、地理的条件はいぜんとしてその国の生産力のあり方に大きな影響を与えているのである。そして、各国の力の大小およびそのあり方と、各国間の交渉のしかたは、国際政治のもっとも基本的な骨組みを決めるものであるのだから、この二つの要因に影響を与えることによって、地理的条件が国際政治に重要な影響を与えていることは否定できない。

しかし、その影響のしかたは時代によって異なる。すなわち、地図はその時代で異なった意味をもつ。なぜなら、人間が地球の上を移動する手段や、人間が自然に対して働きかける手段や、人間の戦闘手段および方法などが、地図に異なった意味を与えるからである。たとえば世界地図の意味は、コロンブス、ヴァスコ・ダ・ガマ、マゼランという一連の探検者たちが、新航路を開拓してから大きく変った。また、十九世紀の半ばに鉄道が発達したことも地図の意味を大きく変えるものであった。なぜならそれまで陸の上を通行することはきわめて時間がかかり、かつ高価なことであった。それゆえ、大陸の国家は容易に有効な統一体に組織されることができなかったのである。しかし鉄道の発達は、ドイツやロシアのような国家を有効な組織体とすることを可能にさせ、それによって世界政治の構造を大きく変えるものであった。さらに二十世紀の初めに航空機が発明され、それが急速に発達したこともまた地図の意味を大きく変えた。空中を飛ぶ航空機は、それまでのいかなる交通手段にも勝る大きい移動性を持つとともに、山や川や海などの自然的な要因によって影響されない。

このような地図の意味の変化というものは、日本にも大きな影響を与えずにはおかないものである。たとえば、新航路の発見がおこなわれたことは、日本をめぐる国際政治的環境をいちじるしく変えた。それまで日本は東洋と西洋のコミュニケーションのルートのもっとも端に位置し、したがって西洋の文明の影響を直接に受けるということはなかった。新航路の開拓は、海を渡ってきた西洋諸国に日本が直接ふれることを可能にしたのである。やがて、蒸汽船が発達し、海洋交通が発達するにつれて、日本はこの世界的な交通の影響をより激しく受けるようになった。

また、資源の豊富さも技術の発展にしたがって時代とともに変る。たとえば、農業が人間の生産活動のなかで圧倒的に大きな比重を占めていた時代には、肥沃で広大な領土を持つことが、もっとも豊かな資源を持つことであった。しかし、土地の肥沃さは、灌漑その他の技術的要因によって左右されるから、もっとも自然的に見える農業時代においてさえ、資源とは単純な自然的要因ではなかったことが注意されなくてはならない。その後資源を開発する人間の能力の変遷につれて、資源に恵まれた地方のありかもまた変って来た。初めは銅や金などを産出する地方が豊富な資源を持つ地方であり、石炭や石油はまったく死蔵されていたから、炭鉱や油田は資源としての意味をもっていなかった。

産業革命とともに、鉄鉱石と石炭が大量に使用されることになり、それとともに、こうした資源を持つことが重要になったのである。その後、石炭は石油によって、次第にかわられ、さらに、ウランがエネルギー源としての意味をもつようになってきたことは周知のとおりである。こうした技術の変動とともに、資源の豊富さは変動しつづけてきたのであった。

そして豊富な資源を持つことの意味もまた技術的要因とともに変遷する。最近の例でいえば、第二次世界大戦前は近代工業が必要とする資源を持つことが、きわめて大きな意味をもっていたのに、第二次世界大戦後には資源を所有することは第二次的な重要性しかもたないようになった。石油や鉄鉱石を始めとして、鉱物資源の入手は容易になったのである。その理由はおそらく、植民地の独立によって、西欧諸国による資源の独占が破れたこと、技術の進歩によって人工材料が現われ、天然資源のあるものがその重要性を失ったこと、そして、技術の進歩によって石油や鉄鉱石の新たな資源が開発され、供給が増えたことなどに求められる。それによって、天然資源を持たないことが不利でなくなったことは、日本にとって大きな幸運であった。

同じように、広い国土を持つことの得失も時代とともに異なる。大雑把にいって、第二次世界大戦前には、国土の広大さが利益と考えられたのに、第二次世界大戦後は国土の広さはあまりに大きな有利とは考えられずに、ときには不利とさえ考えられる。その理由は資源を持つことが大きな有利ではなくなったと同時に、一人当りの生産性の高さ、すなわち効率がもっとも重要と考えられるようになったからである。もっとも、今日でも国土の広さは軍事的見地からみて有利であり、また、農業については、アメリカのように人口密度が少なく、農民一人当りの農地面積の大きい方が、農業生産性をあげやすいという利点を持っている。しかし工業についていえば、国土の広大さはそれだけ多くの資源を有するという利点を持っているが、人口が集中している方が生産性はあげやすいので、天然資源を持つことがそれほど重要でない場合には、狭い国土に人口が集中していることは、かえって利点の方が多いのである。

このように、人間の交通手段や生産手段の変化は、地理的な要因の意味を変化させる。しかし、人々はこの地図の意味を正確に捉えるものとは限らない。人々は各時代において地図を見る見方というものを持っている。そしてその地図の見方というものは、地理的な要因が現実に持っている意味をかならずしも正確に捉えているとは限らないのである。それはしばしば過去の地理的状況から得たイメージの引きつぎにすぎないことがよくある。われわれは、日本の国際政治的位置について考えるとき、地図が現在どのような意味を持っているかについて正確に認識しなければならないのであって、過去のイメージにとらわれてはならないのである。

もちろん、人によっては科学技術の発達によって地政学的要因の重要性そのものが減少したと論ずる人もある。しかし、人間は自然に働きかけるけれども、人間によって働きかけられ、人間によって変えられた自然というものは人間の活動を規定する。

＊日本が島国であるという地理的状況を持つ第一の意味は、日本の安全保障に関するものである。そ

れは日本に対する脅威を限定することによって、日本の安全保障を容易にしている。もちろん、技術のいちじるしく発達した今日においては、海洋はかつてのような安全を与えはしない。しかし、日本とアジア大陸とのあいだに相当広い海洋が存在することは、日本に対する軍事行動を海洋を越えたものでなくてはならないようにしている。たしかに、飛行機やミサイルにとって海洋は障害にはなりえない。しかし、海洋の存在は陸上兵力が飛行機や船舶の助けを借りずに進攻することを不可能にしている。そしてこれらの制約は現在の国際政治において、きわめて重要な意味を持っているのであり、日本の安全保障の課題を抑止の面においても、防衛の面においても容易なものとしているのである。

まず、日本に対する軍事行動が海洋を越えたものでなくてはならないということは、言葉をかえていえば、日本に対する軍事行動が明白なものにならざるをえないということであるが、そのような軍事行動はおこない難く、かつ抑止しやすいものなのである。

第二に、防衛という見地からみても、陸上兵力による直接の進攻がありえないことは、日本の課題を容易にしている。空輸による進攻は、事柄の性質上、大量の兵力を輸送することができない。船舶による渡洋攻撃という脅威もまたかなり限定されたものである。なんといっても、陸海両用作戦は容易におこない難い。

しかしその場合、日本周囲の海域をいかなる勢力が支配するかということが問題である。日本周辺の海洋が敵対勢力によって支配されるようなことになれば、日本の安全は不安なものになってしまうからである。したがって日本がアメリカと同盟関係を結んでいることは、日本の安全保障政策上、当然の方策ということができる。

日本周囲の海洋に次いで日本にとって重要な意味を持っているのは朝鮮半島である。その問題についてはすでに述べた。

＊地理的条件は、第二に日本の経済活動を規定する。まず、日本が島国であることは物資の輸送にとってきわめて有利である。それは昔からであったが、とくに第二次世界大戦後の船舶の大型化は、長距離海上輸送のコストを大幅にさげ、日本の立場をいっそう有利にした。試みに原油を輸送して同じ輸送価格となる距離を陸と海とで比べてみると、パイプラインで送った場合にはだいたい一、五〇〇キロ程度、数万トンのタンカーで送った場合には一二、〇〇〇キロ程度になるのであり、すなわち、タンカーを使えばパイプラインの八倍の距離を輸送して初めて同じ程度の価格となるのである。しかも、船舶はますます大型化し、そのトン当りの輸送価格をさげている。一〇、〇〇〇トンのタンカーで五、〇〇〇マイル原油を運んだときのトン当りのコストは七ドル二九セントだが、一五〇、〇〇〇トンのそれは一ドル六九セントなのである。また、別の計算によれば、速度は別として、一馬力のエネルギーで動かすことのできる重量は陸、海、空について次のとおりである。

空中を飛ぶ航空機	約一五ポンド
道路を走る車	一〇〇～二〇〇ポンド
線路を走る車	六〇〇～一、五〇〇ポンド
水上を行く船	二、〇〇〇～九、〇〇〇ポンド

つまり、海陸空の輸送費は概算して、一対五対五〇〇であって、海上輸送は明らかに有利である。

こうして、大型船舶は距離の意味を大きく変化させた。すなわち、海洋によって交通できるところは遠くても安いコストで運送できるようになったのである。日本はアジア、東南アジアだけでなく、世界のすべての海岸に近いのである。また人の交流とコミュニケーションについても、大型ジェット機と人工衛星の進歩は、次第に距離を無意味なものにしつつある。もちろん航空機の場合は、遠距離を飛べば時間は大したことがなくても、費用はかかるであろう。しかし、費用が問題なのは物資の輸送についてであり、人の交流の場合には時間が第一の問題なのである。こうして、日本は貿易政策については、距離の遠近にあまり関係なしに、グローバルな政策をとることができるし、また、とるべきなのである。

なお、海上輸送の場合、最大の問題は荷物の積み込みおよび積み降しであることは、輸送に関する常識である。ところが日本は港湾設備が整っているし、日本は細長い島国で平野が少なかったのに加えて、昔から工業資源の大半を輸入せざるをえなかったので、工場が、すべて海辺に位置するので、積み降しはきわめて簡単であり、したがってそのためのコストも最少ですむ。こうして日本は物資の輸送にとってもっとも有利な立場にある。

生産活動についていえば、日本は資源がきわめて少なく、したがって原料の大半は輸入しなくてはならない。そのことは、戦争前にはきわめて大きな不利であった。狭い、資源の少ない日本に大きな人口をかかえていることは、戦争前の日本人の大きな懸念であった。しかし、日本が戦争に敗れて狭い国土がいっそう狭くなり、資源がいっそう乏しくなったとき、歴史の皮肉のように、それは大した不利ではないことになってしまったのである。すでに述べたようないくつかの理由から、鉱業資源を持っていないことは工業立国にとって決定的なマイナスではなくなった。そして逆に、日本は狭い国であるために、経済活動の密度をたかめ、生産性をあげることが容易であるという事情が目立ち始めた。広大な土地に散在している諸都市や工業地帯は、その相互のコミュニケーションがとり難いが、日本のように集中している場合にはそれが容易だからである。

こうして、第二次世界大戦後は、原料を自給できないという不利が消え去り、逆に物資の輸送が便利である上に、生産性をあげやすいという利点の方が目立ってきたのである。

しかし、こうした有利な状況を過大評価することは正しくない。まず、海上輸送にとって距離はそれほど問題ではないといっても、それはまったく無意味ではない。経済関係には今までの歴史、文化関係、あるいは政治的関係などが作用する。実際、日本が現在重要な貿易関係を持っているのはアメリカとアジアとである。理論的にはより遠い距離でもほとんど同じ条件で貿易をすることができるから、日本は世界のすべての国と貿易するというグローバルな政策をとることができるけれども、現実の問題はそう単純ではない。

また外国からの資源の補給は努力なしに確保しうるものではない。その重要性は日本のエネルギー事情を見れば明白である。日本はその使用エネルギーの圧倒的に多くの部分を海外に依存しているし、今後依存度はますます強まるであろう。日本のエネルギー供給の推移を見れば、エネルギー使用総量のなかで輸入の占める比率は、一九五五年、二六・四パーセント、一九六〇年、四八・九パーセント、一九六三年、六二・三パーセントとなっていて、一九七二年には八〇・六パーセント、一九九〇年には九三・七パーセントに及ぶものと推定されている。この供給が減少したり、断たれたり、妨害されたりすることがあるならば、日本の経済は大きな打撃を蒙ることが必至である。しかし、そうした危険に対する対策は、ほとんど政治的なものに限られ、軍事的なものは考えられない。日本に石油を運ぶタンカーが攻撃されるというような可能性は、核時代において軍事力の明白な行使がきわめて困難なものとなっている今日、ほとんど存在しないからである。それよりも、低開発諸国の不安定や局地戦争が影響を及ぼす可能性の方がはるかに大きい。たとえば、イギリスは一九五六年と一九六七年の二回にわたって、中東危機のために石油の供給がほとんど停止し、打撃を受けた。そのようなことがないようにする政治的対策が日本にとって中心的な方策とならなくてはならない。

＊日本の地理的条件が持っている第三の意味は、それが二つの大きな社会主義国家の近くに存在するということである。このことから中ソ両国に対して脅威感を持つのはきわめて愚かなことであるけれども、同時に、われわれは脅威をまったく無視できるわけではない。それゆえ、中国とソ連を同時に非友好的にすることを避けるのが至上命令となる。しかし、それ以上に、われわれはこの両国との平和共存を図らなくてはならない。なぜなら、距離的な近さはひとつの大きな意味を持っている。すなわち、人的交流をおこなう場合に、時間的、経済的コストが安いということである。たしかに、物を運ぶということに関しては、海路はきわめて有利であり、かつ長距離に比例してコストが増えるのではないから、輸送に関しては距離はあまり問題にならない。また、人の交流についても、ジェット機の出現によって距離はあまり問題ではなくなった。しかし、航空機は費用のかかる交通手段であり、そして費用は距離の函数である。それゆえ、日本の東京から中国の漢口まで物を運ぶための費用は、日本の東京からアメリカのサンフランシスコへ物を運ぶ費用よりも高いけれども、人の往来についていえば東京から広東へ行くための費用は、東京からサンフランシスコに行くための費用に比べて安いのである。こうして、人の往来は近いところの方が、経済的に容易であることは疑いない。

さらに、日本は中国と文化的、人種的な近接感を持っている。したがって心理的な距離をとるならば、中国はいっそう日本に近くなる。この中国に対する近接感は、一部の人がいうほどのものではないけれども、しかし、それを無視することはできないのである。くわえて、この中国とソ連という二つの大きな社会主義国家は、今後工業化が進展することが予想される。中国は七億という人口が示すほど大きな市場ではないが、やはり無視できない市場である。ソ連の場合にもシベリアがこれから開拓される土地であるということから、その地方の発展が期待される。もっとも、中国の経済的発展も、ソ連のシベリアの開発も現在のところはかならずしもうまく行っていない。しかし、その可能性は大きいのである。

＊日本の地理的条件の第四の意味は、より長期的なものである。すなわち、海洋一般が無秩序状態に陥らないようにすることの必要性であるが、それは現在はそれほど大きな問題ではないが、長期的にはきわめて重要な問題となることが予想される。まず問題になるのは海洋の軍事的使用である。今のところは、アメリカ海軍が圧倒的に強いため、海洋の軍事的使用は衝突を生み出していないけれども、抑止力の中核がポラリスになったために、海洋にはポラリス潜水艦が動き回り、これを監視するさまざまな艦艇が行動するようになったし、その激しさはますます増大するであろう。したがって海洋の軍事的利用を野放しにしておくならば緊張がたかまり衝突事件がおこるかも知れない。より重要な問題は海洋開発にからまるものである。今まで人類は魚類を捕える以外、海洋を資源としては利用して来なかった。それだけの技術がなかったからである。しかし、技術の進歩によって海洋開発の可能性はいちじるしく増大し、深い海底の資源の開発、人工島の設置などが可能になりつつある。言葉をかえていえば、海洋はこれまでだれのものでもないという状態に置かれつづけてきたが、しかし、今や海洋を管理し、自らのものとする能力を人間は持ちつつある。その場合、増大する人間の管理能力、すなわち保有能力と、海洋はだれのものでもないという原則（それは海洋はそれを使うすべての人のものであるという原則であるから）との間に矛盾が発生することは避けられない。こうして、今後海洋における秩序はますます問題になって行くであろう。したがって海洋の利用・開発が秩序正しくお

こなわれるのが、日本の長期的な利益に合致したことであり、逆に、海洋が無秩序状態に陥るならば、日本は好ましくない影響を受けるものと考えなくてはならない。

［北岡伸一註］この箇所の記述は史実としては誤りであり、著者自身が後に書いているように、大西洋からインド洋を越えるのが当時の通常の航路であって「ペリーも西から来たので、太平洋を越えて東から日本に来たのではない」のが事実である（『不思議の日米関係史』ＰＨＰ研究所、一九九六年、一一ページ）。ただし同書の中にあるように、ペリーが「太平洋時代が来ると確信し、アメリカが太平洋を支配するようになるのがその運命であると考えていた」（一八ページ）という意味では、ペリー来航を太平洋の変化の象徴と捉えることができるであろう。

第二部　戦後日本の功罪

したがって、戦略理論的な率直さをもって語るならば、講和を前にして吉田茂が持った選択は、太平洋戦争の結果、太平洋を完全に支配することになったアメリカ第七艦隊を日本の盾とするか、それとも日本をその尖兵とするかということであった。当時アメリカの軍事力、とくに陸軍力はきわめて弱体であったから、ダレスは日本や韓国からも助けを得ようとしたのである。

実際、第二次世界大戦後のアメリカの動員解除ほど急速に、かつ徹底しておこなわれたものは少なかったし、それはソ連の場合といちじるしい対照をなしている。スターリンは第二次世界大戦の勝利がソ連の勢力圏を中東欧に拡大するものであることを意識していた。しかし、ローズヴェルトはそれを全体主義に対する民主主義の戦いと考え、それがアメリカの勢力圏を拡大することを自覚しなかった。そして、それゆえに急速な動員解除がおこなわれたのである。しかし、やがてアメリカは冷戦の始まりとともに、熱狂的に軍備拡大に乗り出すことになったし、その一時の穴うめとして、日本にも再軍備を要請することになった。

しかし、吉田はダレスとの交渉において頑強に粘って、この要請を断わり、日本は経済の建設に努力することになった。それは吉田自身が誇るように、日本経済へ過重な負担がかかるのを防いだ重要な決定であった。しかし、それにもまして重要な意味を持つことになったのは、私が「宰相吉田茂論」で商人的国際政治観と呼んだところの軍事力に第一次的な重要性を与えることを拒否し、国家間の経済関係に最大の重要性をおく彼の国際政治観であった。何故なら、この経済立国の思想こそ、池田現首相に受け継がれ、日本の対外政策の基調となったものだからである。池田首相はその施政方針演説においても、できるだけ防衛問題に触れることを避け、みずからの得意とする経済発展に全力を注いでいる。まったく彼は、防衛問題に触れるのを避ける点で、世界の首相にその例を見ない存在なのである。

しかし、それは戦略理論的に考えても二つの理由できわめて妥当な政策なのだ。ひとつは、核兵器の出現によって、軍事力がその具体的有効性と、倫理的正当性を失い始めたことである。もちろん、軍事力は今日でも依然として大きな役割を持っているし、今後もかなりの間持ちつづけるであろう。また、限定戦争や国境紛争は起るであろう。しかし、核兵器という「使えない兵器」が現われたことによって、軍事力全体がきわめて使用されがたいものになったこと、その具体的有効性を失ったことは疑いのない事実なのである。

そして軍事力がその倫理的正当性を失ったことはここでくり返すまでもない。人によっては、軍事力は過去においても倫理的正当性を持っていたか否かを疑うであろう。しかし、過去においてはそれは国家間の紛争がどうしても解決されないとき、最後の手段として用いることが認められていたのである。核兵器の出現によって、初めて、軍事力はこの限られた倫理的正当性をも失ってしまったのであった。

こうして軍事力がその具体的有効性の大半を喪失し、倫理的正当性をまったく失ったことは、日本の世論によってしっかりと把握されている。それは再軍備反対の理論的基礎を与えてきたし、本格的な軍備を日本が持つことを制約する最大の要因となってきた。その意味では、日本政府の経済立国主義は、平和主義的な世論によって、奇妙な形の支持を受けているといえるかもしれない。

しかし、政府の経済立国主義に妥当性を与えているもうひとつの理由があることが忘れられてはならない。それは日本が第七艦隊という強力な盾によって守られているという事実である。日本の平和主義はその意味を否定し、多くの人はこのいささか不愉快な事実を正面切って見つめようとはしない。しかし、それは、事実なのだ。それは、朝鮮戦争における北鮮軍の攻撃がなぜ成功しなかったかを見れば、ただちに明らかになるであろう。太平洋戦争の勝利によって、アメリカは太平洋を完全に支配することになった。それは、軍事力がその意味を完全にうしなうまでの間、基本的な重要性を持ちつづけるであろう。

こうして、日本がアメリカの軍事力の傘に入っている以上、日本が独自の軍事努力をおこなうことは、その必要もなかったし、意味もなかった。まして、その軍事力自身が倫理的正当性を失っていた。だから、われわれが、軍事力を日本が持つことの無意味さを意識し、その非正当性を正面にかかげて、軍事努力をできるだけ制限し、経済発展に励むことになったのは当然であったかもしれない。

さらに、経済立国主義は戦後日本の民主主義によっても支えられている。何故なら、民主主義という原理は、それ自身きわめて国内的な原理である。それは国内を発展させ、その社会体制を公正なものたらしめるところに、政治の目標を見出そうとするものであり、対外関係はその理論体系の中核に組み入れられていない。それは力としての国家の間の関係である国際関係を、非合理的として否定する思想と、なんらかの意味でつながっているのだ。その結果、民主主義はそれまで海外への進出という夢に駆られつづけてきた日本人の注意を、一転して内に向ける役割を果すことになった。

しかも、戦後日本の民主主義は、戦前の滅私奉公の反対概念として受けとられたため、私的な利益、とくに、経済的利益の追求が強調されることとなった。やがて、経済の復興に成功したとき日本人は明治以来、長い間忘れていた生活の享受ということを思い出し、それを積極的な価値として認めることになった。それはいまや、日本経済を発展させる大きな動力となっているのである。

こうして、経済優先主義と内政中心主義は密接に結びつきながら、日本の政治の基本原則となってきた。そしてそれは、相当な妥当性と、奇妙な形ではあるが広範な支持を得ているのである。それは日本の置かれた国際政治的位置に適応した政策である。それは、平和主義と民主主義の精神には忠実ではないが、それをある意味で利用している。そして、それは世俗的知恵に立脚し大衆民主主義の力をつなぐことに成功している。『中央公論』の一九六四年七月号で萩原延寿氏は、この政策を経済的合理主義と名づけ、それを堅陣と評価した。まさにそれは堅陣なのである。

もちろん、経済的合理主義に問題がないわけではない。それどころか、それは対米従属としてだれもが知っている状態を作り出している。何故なら、経済優先主義と内政中心主義は、ともに日本が防衛と外交については、アメリカに依存することを前提として成り立つものだからである。それはたしかに日本の置かれた国際政治的位置に適応したものであった。しかし、それは当然、日本独自の防衛政策と外交政策の発展を妨げることになった。

この場合、日本独自の防衛政策とはかならずしも軍事力を持つことを意味しない。完全非武装の思想をも含めて、日本が国家としての同一性を保つ政策はすべて防衛政策だといえるからである。ところがこの問題について、われわれは国民的議論をおこなったことがないし、したがって、現に日本は軍事力を持っているにもかかわらず、その地位と役割はいたってあいまいである。ある人は自衛隊を否定し、ある人はそれを弱体と考え、そして多くの人はこの問題を深く考えていない。こうして、定められた地位と役割を持たない軍事力がきわめて危険な存在であることはいうまでもないであろう。

しかし、この批判に対しては、現在の国際政治のなかで、軍事力に一定の地位と役割を与えることの困難さに注目して反論することができるかもしれないのである。軍事力について論ずることは、軍事力を増大させる結果を招くかもわからないし、それに、いかなる形にせよ軍事力を認めることは、永遠平和への志向を捨てさることになると説く人もあるだろう。私自身は、現在軍事力の問題を論ずることによって、それを適正な規模に縮小しながら、一定の地位と役割を与えることができると信じている。したがって、軍事力の問題を論ずるべきだと信じている。しかし、そうではないと論ずる人々にも、聞くべき論拠があるのだ。

それになによりも、日本の軍事力について論じて見ても、それは日本列島をめぐる軍事的情勢に基本的な影響を与えうるものではないことが重要である。私には、自主防衛を唱える人も、完全非武装を説く人も、日本が完全にアメリカの軍事力の傘のなかに入っていることを冷たく認識していないように思われる。自主防衛論者は自主防衛が現実になにを意味するかを考えたことがあるだろうか。また、完全非武装論者は、たとえそれができたとしても、アメリカ海軍がすぐ側にいて、日本を依然として守っていることを考えてみたことがあるだろうか。少なくとも、日本の防衛ということが大変複雑な問題であることだけはまちがいない。[1]

次に日本独自の外交政策の不在ということは、これまた疑いのない事実であり、それはいまや次第に現実の問題を提起しはじめていることもうたがいない。何故なら、日本は経済の発展とともに、世界政治のなかで適当な役割を果すことを求められるようになった。アメリカも、西欧諸国も、アジア・アフリカ諸国も、そして共産諸国さえも、それを要求し、期待する。もはや、われわれは困難な問題に対しては態度を明らかにしないままで逃げまわり、先進諸国と低開発諸国の間の、意思の伝達役をつとめてお茶をにごすことでは、すまされなくなっている。

この事実をわれわれに警告したものが、この春ジュネーブで開かれた国連貿易開発会議であることはいうまでもない。これまで日本は観念的には国際協力を主張しながら、実際には徹底した実利主義をとってきた。しかし、もはや日本は観念的な協力ですますわけにはいかなくなったし、具体的な、実質的な援助をおこなわなくてはならないようになった。その場合、日本としてはその行動を導くべき外交政策を欠くことが深刻な悩みなのである。

しかし、この批判に対しても、「政経分離」という原則の有効性と妥当性をもって反駁することができるのである。実際、それは政治や軍事などの面倒な問題に巻き込まれずに、貿易を伸ばすもっとも良い方法ということができるかもしれない。たしかに、政治と経済を結びつけることは望ましいことであり、とくに、低開発諸国の問題がクローズアップされるとともに、その必要性は増大している。しかし、それはたいへんむつかしいことであるし、したがって、十分な準備を必要とすることであると論ずることもできるであろう。そして中共の承認問題については、そのような形式問題はやがて解決されることであり、できることから手をつけていくのが望ましいといえるかもしれない。この議論は外交政策の不在そのものを弁護することにはならないけれども、しかし、外交政策の不在はいまだ決定的な問題を与えてはいないといえるかもしれないという可能性を示唆してはいるのである。

実際、戦後の政策は戦後の日本が置かれることになった位置に、きわめて、適応した政策なのである。だから、それは日本が真実の意味で戦争の傷からなおるまで、つづけていてもよいかもしれないのである。しかし、二十世紀後半の世界政治はきわめて早く展開しているし、そのゆえに経済的合理主義という処方箋の有効期限は、次第に限られたものとなってきているのだ。

何故なら、中国の台頭によって、防衛・外交をアメリカに依存するという戦後日本の政策の前提が崩れ始めているからである。中国問題の日本にとっての重要性は、「極西」の国日本のあり方に疑問を投げかけたところにあるのだ。中国の台頭は、日本にふたたび「極東」の国としての性格を与え始め、それによって、東洋と西洋の間のアンビバレンス（両面性）という悩みを復活させたのであった。

ガロアはそれを中共の核武装という形で捉えたものにすぎない。彼は中共の核武装はアジアの情勢を一変させるとして、次のようにいう。

「第一段階は六四年から七〇年まで、それは中共がわずかの核兵器貯蔵しか持たず、しかもそれを運搬する有効な手段を持たない局面である。第二段階は七〇年以後、中共の核兵器貯蔵が増大し、かつ米大陸に達しうる長距離運搬手段を持つに至る局面である。第一段階で中共はその原爆をせいぜい国境外千キロから千五百キロの近距離にしか運搬できないだろう。しかしこの局面においてすら、中国の周辺諸国――日本、台湾、インドシナ、タイ、マレーシア、インドなどに対してそれは巨大な政治的影響力を持ち始めるだろう。アジアはこの瞬間から激変し始めるだろう。そして第二段階入りとともに変化は決定的となってくるだろう」（「毎日新聞」一九六四年一月三日）

何故なら、一九七〇年以後においてはアメリカの核の傘は有力ではありえなくなる。「中共が米大陸に核攻撃を加えうるようになったとき、米国ははたして台湾防衛のために米大陸自身の破壊という犠牲も受けいれるだろうか」。そして、ガロアが台湾についていうことは他の諸国にも妥当するのだ。そこで彼は、初めに引用したように、日本としてはアメリカに従属してその核の傘の保護を求めるか、それとも中国に追随的な中立主義をとるかのジレンマに追い込まれるだろうし、このジレンマから脱け出す道は、日本自身の核武装による防衛力の強化しかないというのである。

もちろん、これに対してはいくつかの批判がなされることができよう。純軍事理論的にいうならば、アメリカによるアンチ・ミサイル・ミサイルの開発などによって、中国がアメリカ大陸を攻撃できる日はきわめて遠い将来となるだろう。また、とくに日本についていえば、アメリカはその圧倒的な海軍力のおかげで、核兵器を使わなくても日本を防衛することができるのであり、その点で、ソ連の陸軍が支配するヨーロッパ大陸にあるフランスとは、事情が異なるといえるであろう。

また、日本人の多くは中国がそのような軍事的侵略の意図を持つことを否定し、中国を軍事的脅威と考えることを拒否するであろう。第一の批判の立場からは、現在のアメリカとの関係をそのまままつづけて行けばよいということになるし、第二の批判の立場から、中立主義を取って、中国と親善関係を保持すればよいことになる。そして、どちらにしてもジレンマなどは存在しないのだ。

しかし、純粋理論家である彼の指摘は核兵器の問題を扱いながら、それを越えるヒントを持っているのであり、そのヒントの方がはるかに重要なのである。私は、純軍事的にはアメリカの海軍力は盾としての機能を中国の核武装後も持ちつづけると思う。その事実も加えて考えると、中国を軍事的脅威として捉えることは妥当でないとも思う。中国が軍事的侵略の意図を持たない平和国家であるかどうかは別として、中国の指導者は高い代償を払ってまで軍事的侵略をすることを避けるだけの知恵を持っていることは明らかだからである。それにもかかわらず、私はガロアの提出したジレンマは日本にとって存在すると思うのである。

何故なら、軍事力に限定されない広い意味における力は、今後も国際政治を動かす基本的要因でありつづけるであろう。力とは、人の、他の人の心と行動に対する支配の力である。そして、そのもっとも具体的で、判りやすい形として、物理的強制力、すなわち、暴力が存在するだけであり、それにいたる過程には、さまざまな段階の力が存在するのである。

したがって、これから先、軍事力が使用されることはなくなっても、さまざまな形における力の闘争はつづくと考えられる。それは疑いもなく、これまでの力の闘争とはよほど変ったものとなるであろう。しかし、それはやはり、あらゆる手段を用いて他人を動かすことを目指した力の闘争なのである。それがいかなる形をとるかということ、そして、その新しい形の力の闘争に、いかに対処するかということが大きな問題なのである。

とくに革命はその国の力を増大させ、しかもそれまでの力とは異質の力を解き放つものなのである。フランス革命はフランスの力を、ロシア革命はロシアの力を、飛躍的に増大させた。同じように、中国革命も中国の力を増大させつつあるのだ。それがきわめて異質の力であることも、二つの革命の例から明らかであり、中国革命の場合にもそれはすでに明らかであるように思われる。

もちろん、革命の挑戦に対して否定的な反応は一切無意味である。とくに、純軍事的な対応が、悲劇的な結果を生むことはこれまでの歴史からあまりにも明らかである。しかし、だからといって、中共は平和的であり、したがって中共と協力さえすればよいと考えることはまちがっている。中印国境の紛争における中共の行動は、少なくとも防禦的とはいえないものであったし、また、中共のチベットに対する政策は新帝国主義と呼んでさしつかえない。中国が東南アジア諸国をその支配下におこうとすることも考えられないではない。力に満ち、活気にあふれた文明はひとつの波のようなものである。それは、同じように力に満ち、活気にあふれた別の波とぶつかるところまで広がって行くであろう。

要するに、ガロアの発言は軍事力や核兵器というところを、きわめて広義で、異質で、捉えがたい力と置き換えて読めば、まさに問題の核心を衝いたものなのである。だから、対米従属と対中従属というジレンマは実在し、それを逃れる道は日本みずからの力を強める他はないのだ。ガロアは核兵器に関する理論というレントゲン光線を使って、中国に近接する「極西」の国日本の問題を写し出してくれた。われわれ日本人は、漠然とした感覚で、中国問題の重要性と、それが

「極西」の国日本のあり方に疑問を投げかけていることを知覚している。一方はレントゲン写真であり、他方はもやに包まれた存在をそのまま漠然と捉えている差はあっても、ともに中国という存在の重要性を捉えているのである。だからわれわれはわれわれ独自の力を育て、世界政治の正しい認識の上に立って、中共革命の長期的挑戦に本腰を入れて対処しなくてはならないのである。

もちろん、ガロアの論文にはもうひとつの問題点がある。それは彼がソ連を完全にヨーロッパの国とみなして、極東の問題を中国、日本、アメリカに限って見ていることである。たしかに、現在の状態ではソ連のシベリア開拓はきわめておくれていて、ソ連の重心はうたがいもなく西にある。しかも、中ソ論争はソ連を中東欧諸国の方へ、すなわち西へと追いやる働きを持っている。しかしながら、ソ連は可能的には太平洋に面する極東の国なのである。そして、ソ連がシベリアを完全に開拓し、ヨーロッパから太平洋にいたるあの巨大な空間を完全に満たしたとき、それは世界政治に大きな変化を惹き起すであろう。それはかなり遠い未来のことではあろうが、しかしながら、現在においても無視しえない事実である。

しかし、この事実は東洋でも西洋でもない立場を見出すという日本の課題を変えるものではないのである。ソ連が極東の国となって、関係国が増えれば増えるほど、その課題を解く必要性は増大し、その反面、日本の対外政策の活躍の可能性も増大してくるであろう。重大なことはわれわれ自身の力を育てることなのである。

それでは、日本が育てるべき力とは一体何であろうか。おそらく、今後この問題はくり返して論議されることになるであろう。現在の国際政治においては、力の性質が根本的な変化をとげているからである。私は私の仮説にもとづいて、第四部において日本の力の問題を扱うであろう。しかし、それに先立って、私はイギリスと日本の歴史から二、三の教訓を引き出してみたい。何故なら、歴史こそあらゆる教訓のかぎりない宝庫であり、とくに力とはなにかを示唆する秀れた教科書だからである。

（1）日米安保条約のもっとも重要な機能はアメリカの核抑止力の作用を保証することであるという説がよくおこなわれるけれども、それは正しくない。核抑止力の問題はそれほど単純なものではないのである。日米安保条約は日米友好関係の表現であり、またその枠組として重要な意味を持つものとして考えるべきである。
まず、核抑止力は条約を結べば確実に保証され、条約を結ばなければなくなるというようなものではない。米ソの核均衡は世界的なものであり、それゆえ、条約の有無にかかわらず、自動的に作用して、核の使用を抑止している。たとえば、インドは米ソのいずれとも条約を結んでいないが、しかし、この両国はインドがまんいち核攻撃を受けそうになったときには、無関心ではありえない。その意味で「核のカサ」とは、保証される側の意思とは無関係に、自然に存在するものといえるであろう。

もちろん、条約の存在はその保証をある程度までたかめる。条約は日本が攻撃されたとき、アメリカは無関心ではいないという意思表示だからである。しかし、ここで二つのことが注意されなくてはならない。まず、そうした保証は核の分野においてよりも通常兵器の分野において重要なものである。「核のカサ」がある程度まで自然の存在であるのに対して、より小規模な軍事行動については米ソの相互抑止はそれほど行きわたってはいないからである。核攻撃については、米ソが無関心ではありえないことはきわめて明瞭であるが、非核攻撃についてはそれが明瞭ではない。それゆえ、日本の安全保障の問題を考えるとき、「核のカサ」よりも第七艦隊の方がはるかに具体的な重要性を持っている。

第二に、日本が攻撃されたときアメリカは無関心ではいないという保証は、条約さえ結べばそれで確実になるわけではない。昔からその効力を発揮しえなかった同盟条約や保障条約はいくらも存在する。そして、そうした条約の歴史的な検討は、全般的な友好関係の有無こそが条約の有効性を決定するものであることを示しているのである。日米安保体制についていえば、日米両国が多くの問題で利益を同じくすることが内外に明らかになっていることが、その有効性を決定するものなのである。その意味で、日米両国が利益をほぼ完全に同じくするならば安保条約はなくてもよいことになる。逆に、日米関係が疎遠になれば、安保条約の効力は大幅に減少する。

第三部　歴史の教訓

この場合、私がイギリスの歴史から現在の日本にとっての教訓を引き出すことを試みるのは、いくつかの相違があり、時代がまったく異なるにもかかわらず、イギリスが二つの基本的に重要な点で、日本に類似しているからである。第一に、イギリスは秀れて海洋的な国であり、ナポレオンが「通商国民」と呼んだように、海外との貿易によってその偉大さを形成した国家であった。同じように、日本も海外との貿易によって生きなくてはならない国であり、事実、その方向に発展してきた。そして、日本はそのために有利な条件を持っているのだ。日本は海に囲まれ、しかも良い港湾に恵まれている。今日、航空機と鉄道の発達によって海洋は交通機関として、かつてそれが持っていたような排他的重要性を持っていない。しかし、それは財貨の輸送については、もっとも容易で、かつもっとも安価な交通手段なのである。

次に、より重要なことはイギリスはヨーロッパの側にありながら、ヨーロッパの外にその活動の舞台を求めた。十八世紀の政治家であり、その著書『愛国王』においてイギリスの対外政策の基礎を示した文筆家でもあるボーリングブロックは「わが国は大陸に隣合ってはいるが、決してその一部ではないということを、われわれはつねに忘れてはならない」と書いている。この認識こそ、イギリスをヨーロッパの縁辺の二流国から偉大な国家へ変化させたものとして注目されなくてはならない。

同じように、日本も中国を中心とする東洋に隣り合ってはいるが、しかし、その一部ではない。私は第一部において、これまでの歴史を扱い、いかに日本が特殊な立場に置かれてきたかを示した。これまでこの事実をわれわれは認識してこなかった。何故なら、歴史の大半を通じて、われわれは中国しか知らなかった。そして、中国以外の世界が日本を訪れたとき、それはあまりにも大きな脅威として現われた。したがって、われわれは東洋的なものにわれわれの精神的基盤を求め、それによって西力東漸に抵抗しようとしたのであった。だから、中国と日本の相違は強調されないことになってしまった。福沢諭吉はその数少ない例外の一人ということができるであろう。

しかし、いまやこの事情は変った。正当に「東洋」と呼びうる中国が復活し、自己を主張するようになった。その場合、日本がその独自の偉大さを築きうる方法は、中国との同一性ではなく、それとの相違に目ざめ、東洋でも西洋でもない立場に生きることなのである。何故なら、中国はあまりにも大きく、そして福沢が述べたように日本とは基本的に異なるものを持っている。それと日本を同一化する場合には、曾村保信氏が述べたように「ひとにぎりの日本人は……大陸的に洗脳されて、その海洋国家的な個性的な思考力をなくしてしまうおそれがたぶんにある」(『中央公論』一九六四年八月号)。曾村氏の中国観に反対の人でも、この点だけは学ばなくてはならない重要な真理なのだ。日本は歴史で初めて、東洋に「隣合ってはいるが、決してその一部ではない」という認識に立って行動すべきときを迎えているのである。もちろん、われわれは中国と政治的・経済的に友好関係を保たなくてはならない。しかし、それと同時に、東洋に隣り合いながら、独自の立場をとることを認識し、そのむつかしさをかみしめなくてはならないのである。

おそらく、われわれは、日本が「通商国民」であるという第一の事実は、これをはっきりと認識しているであろう。しかし、第二の事実は漠然と気づいてはいるが、いまだはっきりとは捉えていない。しかし、この二つの事実にこそ、日本の将来を規定する基本的な事実があるのだ。したがって、われわれは同じような状況のなかで、その独自の偉大さを築いて行ったイギリスの歴史から、多くを学ばなくてはならないのである。

それでは、イギリスを偉大ならしめたものは何であろうか。それは十六世紀の初めには、ヨーロッパ大陸の縁辺に横たわる小さな島国に過ぎなかった。その文明はおくれており、イギリスは政治・経済・軍事的に二、三流の国家であった。しかし、それは、十八世紀には次第に海洋国家としての強みを発揮し始め、十九世紀には海の女王としての地位をゆるぎないものにしてしまったのである。十九世紀の繁栄は、まさにそのゆえに現われたのであった。

そしてこの発展はなぜに可能になったのであろうか。とくに私にとって興味があるのは、ヘンリー七世からエリザベスにいたる時期、すなわち、イギリスが小さな島国としてヨーロッパ大陸の動向に細心の注意を払いながら、海洋国としての基礎を築いて行った時代である。これらの王たちが持っていた素質はなんであろうか。彼らの業績は何であり、それは一体どのような意味を持っているのだろうか。

もちろん、イギリスの偉大さそのものの意味を疑う人もあるだろう。イギリスの偉大さとは、世界にまたがる大帝国の建設ということであったが、それは彼らが帝国主義者であったことを示しているに過ぎないのだし、したがって今日では必要でもなく、望ましくもない偉大さなのであると考える人もあるだろう。しかし、私はそうは思わない。偉大さの形は変っても、偉大さを生み出す素質は変らないからである。

実際、最近書かれた歴史が興味をかき立てないのは、偉大さへの感覚がないからである。歴史は一般庶民のことを、弱いもののことを、そして敗れたもののことを扱うようになった。それはある程度まで必要である。これまでの歴史は勝者の歴史でありすぎたからである。しかしその逆に過去の偉大さがなんらかの意味で侵略と結びついているからといって、それを評価しないならば、われわれは歴史のきわめて重要な教訓を学ぶことはできない。

これからはたしかに軍事力の行使は偉大さの表現とはならないであろう。しかし、われわれはギリシア史について、アレキサンダーに征服されたものよりも、やはり征服者アレキサンダーから多くを学ぶであろう。また、過去の日本の歴史における偉大な人物の多くは征服者であった。しかし、やはり彼らはわれわれに教える多くのものを持っているのだ。同じように、われわれはイギリスの歴史とその偉大さから多くを学ぶことができるのである。

ヨーロッパ大陸の縁辺の小島国であったイギリスを指導し、その基礎を作った三人の王たちの対外政策に共通する第一の特徴は、その極度の慎重さである。当時、ヨーロッパは新世界の富によって強大を誇ったスペインによって支配されていたから、彼らはきわめて慎重な対外政策をとらざるをえなかった。ヘンリー七世はスペインへのおそれから大洋探検を長い間ためらったし、ヘンリー七世とヘンリー八世の二代にわたって、イギリスは、当時きわめてふつうの政策であった保護貿易政策を取るのにたいそう躊躇したり、いったんとってからまた撤回したりした。

そしてあの令名高いエリザベスといえば、秀れた伝記作家ストレイチが記す通りなのである。「エリザベスの一生を通じての大政策は、人間に考えられる範囲で最大の非英雄主義であり、彼女の真の歴史は、政治術のメロドラマ作者にとって永久の研究題目として残っている。現実に、彼女の成功は、英雄ならばけっして持ってはならぬすべての性質――言い抜け上手、ひょうたん鯰、不決断、狐疑、吝嗇などのおかげなのである。

粗暴な気違いどもの世界の中で、おそろしく緊迫した敵対状態にある諸勢力に伍して――フランスとスペインとの相争える民族主義や、ローマとカルヴィンとの相争える宗教の間にあって、彼女はあくまで思慮に富んだ女であった。何年もの間、彼女がこうした脅威のいずれかによって圧し潰されるのは、不可避のことかと思われた。しかも最後まで生き延びた、というのは、偶然にも彼女の理知の狡さがちょうど環境の複雑さに適合したのであった」（『エリザベスとエセックス』一九二八年）

しかし、この極度の慎重さというういわば消極的な美徳が、彼らのすべてではない。この慎重さによって生かされた、いくつかの積極的な素質を、われわれは発見することができるのである。その第一は、この慎重さを無能にさせてしまわずに、機会を捉えることを可能にさせた外交の優秀さである。その後三世紀にわたって、悪名と秘かなる賞讃の的となったイギリスの外交はこの時代に作られた。勢力均衡という原則が次第に浮び上がり、外務省に人材が集まるようになった。外交において、意識的な情報活動が行なわれ始めたのはこの時期からである。「情報はいくら高くても高すぎることはない」というのが当時の英外務省のモットーとなった。彼らはその情報を分析し、さまざまな可能性を検討するのをつねとした。新教と旧教の対立の激しかったこのころ、新教国オランダの君主が暗殺されたとき、イギリス外交は実に二十三の項目について、そのいくつかの可能性を検討した結果、とるべき政策を決めているのである。実際それは、歴史上の外交文書のなかでもっとも精密度の高いものである。多くの外交史家がこの時代の英国外交を高く評価するのも不思議はない。

しかし、決定的に重要なことは、これらの王たちが対外政策の面では慎重な行動をとりながらも、イギリスの将来が海にかかっていることを見通し、国民の関心をそちらに引っ張って行ったことである。十六世紀のイギリスは、いまだ農業的で牧歌的な国であり、新航路の発見によって開かれた世界へと進出はしていなかった。ただ、半ば海賊であり、半ば船主である冒険商人が、いくらかいたに過ぎない。

そうしたとき、チューダー王朝の王たちは二つの仕方で、海洋国としての未来を作って行った。ひとつは国王みずから、できるだけ多くの船を作ることであった。ヘンリー七世は、当時のヨーロッパで作ることができる最大級の帆船を作り、それを商人に貸し与えた。その政策はヘンリー八世によって受け継がれて、イギリスは常設海軍と造船庁を持つことになったのである。彼らは海外市場の争奪が重要な意味を持つであろうことを予測し、そのために国家ができる準備をしたのであった。

次に彼らは、海へ発展しようとする冒険商人たちを援助した。その結果、イギリスの歴史は、新しく船を作るものへの奨励金とか、海外探検への資金の授与とかいう記事によってちりばめられることになった。たとえば、ジョン・カボットはヘンリー七世の資金で北半航路を探検し、ニュー・ファウンドランドを発見した。フランシス・ドレークはエリザベス女王の援助を得て、半海賊的通商をおこなった。

おそらく、ストレイチが最大の「非英雄主義」と呼んだものによって特徴づけられる慎重なエリザベスが、冒険商人ドレークを援助したという事実ほど、海洋国として発展して行く過程におけるイギリスを象徴するものはないであろう。ドレークほど「英雄」的な人物は少ない。彼はつねに小船隊で行動し、スペイン人の虚をついた。アンドレ・モーロアの『英国史』の描写によれば、ドレークは「無謀なくらい大胆で、船の規律がそれを要求する場合には、彼の副官の一人を死刑に処することも、その処刑者とこれを絞り殺す直前に談笑を交えることすらできた」。その「英雄」的な冒険商人と「非英雄」的で慎重な女王が結びついたところに海洋国イギリスが生まれた。

そして、それは結局、この「非英雄」的な女王エリザベスが、活気に満ちた精神の持主であり、外の世界を視、その重要性を見抜き、そして「英雄」的な冒険商人を援助する視野の広さを持っていたからであった。彼女は六つの外国語を自由に操り、音楽と美術に通じ、ギリシア学を愛する教養を持ち、優雅にダンスを踊り、ユーモアと機知にあふれた会話をもって人を魅了した。彼女はたんに慎重ではなかったのだ。

それ以後、「非英雄」的なエリートと「英雄」的な冒険商人は、イギリスの歴史を通じてくり返し現われ、イギリスを二世紀にわたって海の女王たらしめた。実にこの組合せこそ、イギリスの偉大さを作った素質であったのだ。そしてこの素質こそ、イギリスと類似した課題をかかえる日本に欠如してきたものであり、いまなお欠如している素質なのである。

実際、国内のエリートが外の世界に出て行く冒険商人たちと接触し、援助することとは、当然のように見えて当然ではない。何故なら、ひとつの国を統治する人間にとって、その外の世界に目を向けることは、容易ではないからである。外の世界は未知の要素を多分に含んでいる。だから、外の世界に出て行く人々、国の外に開かれた部分は、どうしても冒険的な要素を含まざるをえない。それは社会に活気を与えるとともに、混乱を与える可能性をも持っているのだ。

しかし、統治者にとって第一の望みは国内の安定であり、したがって、その安定を破壊するかもしれない外の世界との交渉を持つことを嫌がったり、制限しようとすることがあるのは当然である。それに、外に開かれた部分は国内の支配権をめぐる争いには直接関係がない。だから、国内のエリートは、十分な視野の広さを持たないならば、国内の指導権争いだけに目を奪われて、外に開かれた部分と真の接触を失ってしまうのである。

実際、日本の歴史は、国内のエリートが外に開いた部分に注意を払う視野の広さを失ったときに悲劇が起ったことを示しているのだ。戦争後間もなく、和辻哲郎氏は『鎖国』という大部な書物を書いた。それは同氏が鎖国という事件のなかに、日本人の精神的欠陥を見たからであった。

鎖国に先立つ百年間、ポルトガル人が西から東へと進出していたころ、日本人も、勘合貿易、倭寇、八幡船などの形で南シナ海に進出していた。しかし、この二つの動きには決定的な相違があった。それはポルトガル人の進出は国家の支持を得、公共的な企業の精神と結びついていたのに対し、日本人のそれは倭寇によって示されているように、「あぶれ者」として始まり、なんの公共的な意義をも獲得しないままに「あぶれ者」として終ってしまったということである。そして和辻氏は、この両者の差は結局、日本はポルトガルの航海王ヘンリー王子を持たなかったことにあると結論づけている。

私は、これは実に秀れた指摘だと思う。すなわち、エリートとその背後にある国民が、どの程度、外に開かれた部分を意識し、後押しするかということが問題の中核をなすことを、和辻氏は見てとっていたのであった。すべての国において、外に開かれた部分は、冒険的要素を持っている。彼らはある程度「あぶれ者」として始まるのだ。ポルトガル人の場合も、やがてそれに対抗したイギリス人の場合もそうであった。しかし、ポルトガルの場合はやがて航海王ヘンリーによって率いられることになったし、イギリスでは、あの包容力のあるエリートが、冒険的商人を抱きかかえ、彼らの努力に後押しを与えながら、それを調整し、意味づけをおこなった。

しかし、日本において「あぶれ者」は「あぶれ者」として終ってしまう。それはエリートと国民全般がこれらの外に開かれた部分にしかるべき注意を払わないからなのである。そこにこそ、日本のエリートの最大の欠陥があると私は思う。つまり、彼らは外に開かれた部分への共感を持っていないのだ。彼らの目は国内の権力保持だけに向けられている。そこから、内に向いた部分と外に開かれた部分の接触の欠如が生まれるのである。

そして、この欠陥は、一見きわめて異なるように見える満州事変についても、作用していたのであった。一九二〇年代の終り、国民党革命が中国を席巻しつつあったとき、北シナや満州にいた日本人たちは、それまでに彼らが築いた生活が脅かされていることを、強く意識せざるをえなかった。もちろん、彼らが中国に持っていた権利が倫理的正当性を持っていたかどうかは問題である。それは日本帝国主義が彼らに与えたものだと、中国人たちは考えていた。また、歴史の流れは、遅かれ早かれ、これら中国にいた日本人たちにその権利を失わせるようなものであったことは間違いない。

しかし、当時中国にいた日本人はそのように考えることはできなかった。戦前において外に開かれていた日本の中心をなしていたこれら在シナ人にとっては、それは死活の問題であった。彼らはそこで、彼らの人生を築いてきたのである。そして、当時の中国人の排日運動は決して非のうちどころのないものではなかった。したがって彼らが不法と考える攻撃から在シナ人がみずからを守ろうとしたのは当然であった。

ところが日本のエリートたちは、外務省の役人たちを含めて、きわめて公式的な見方をとるだけであった。たしかに、幣原外相の政策は正しいものであった。日本人が中国において特権を持つ時代は過ぎ去っていたのである。しかし、国内のエリートたちは、外に開かれた部分である中国にいた日本人の心情に対してまったく共感を欠いていたのであった。それは彼らの政策に対する不満を必要以上にたかめた。

これに対して、軍部は日本の外に開かれた部分に対して共感を持っていた。彼らは彼ら自身、明治以来の日本の外に開かれた部分であった。また彼らは「あぶれ者」を含んでいた。私は大陸浪人という存在は、日本の歴史における「あぶれ者」の伝統を体現するものであったと思っている。だから、軍部は満州の日本人の心情をよく理解していた。その悩みも十分に知っていた。この、共感の存在こそ、満州事変において国民の支持を軍部に与えることになったものなのである。おそらく、日本は満州における特殊利権をいずれは放棄しなくてはならなかったであろうし、その意味で当時の外務省の政策は正しかったといえるであろう。しかし、その政策をとる場合に、外に開かれた日本である満州の日本人に対する共感を持たなかったことが、大きな悲劇を生んだのであった。

かくて、日本史における二つの大きな悲劇、鎖国と満州事変は、ともに、日本の外に開いた部分と内を向いた部分が接触を失い、均衡を失ったときに起った。とくに、日本の内にいるエリートたちが、外に開いた部分に対する共感を失ったとき、悲劇が訪れたのであった。外に開かれた部分と内を向いた部分がわかれたとき、外に開いた部分がしぼんだ場合には鎖国となった。そして、外に開いた部分が暴走したとき満州事変が起ったのであった。この二つの悲劇は、きわめて異なるように見えながら、実は同じ原因に根ざすものなのである。

つまり、イギリスは海洋国であったが、日本は島国であった。イギリスは海洋の可能性を十分に活用して外の世界で活躍し、日本は海の背後に閉じこもってしまったのである。実際、島国はこの二つの可能性を持っている。何故なら、海は世界の各国をつなぐ公道であると同時に、国家を他の国家との接触から遮断する壁でもあるからである。

もちろん、日本はいつも閉じこもっていたわけではなく、とくに明治以後はさかんに海外に進出して行った。しかし、それは必死の思いの努力であり、むしろ異常なものであった。そして、それが正常なものに転化する可能性が生まれつつあったとき、島国の時代に身につけた視野の狭さがエリートに災いしたのであった。

そしてまた、二十世紀の後半の今日、日本の政治家と国民はふたたびその視野の広さを失いつつあり、あらゆる外見にもかかわらず、日本は実際には島国になりつつあるように思われる。それは戦後の日本が、アメリカの軍事力の傘のなかで防衛・外交をアメリカに依存しながら、経済発展のみに努力を集めたことの代償といえるかもしれない。戦後の政策はきわめて賢明な政策であったにもかかわらず、アメリカへの追随と自己主張の放棄という犠牲を伴わなくてはならなかったからである。

それは敗戦後の国民心理と結びついて、対外関係はおつき合いにとどめ、国内の経済発展に全力をあげるという態度を生み出すことになったのである。軍備はアメリカのつき合い上、やむをえない程度においておこなう。低開発諸国への援助は、貿易拡大のために必要ではあるが、できるだけ少額で済ましたい。日本の対外政策はそうした消極的な色彩でいろどられることになったし、国民の心理もまた同じ消極的な色彩を帯びることになったのである。

もちろん、現在の日本には世界各国の文化が流れ込み、あらゆる思想が入ってきている。今日ほど、大量の、そして雑多な、外国文化の放射を受けているときはないであろう。この大量の外国文化の流入は、戦争に敗れ、文化的にも無抵抗であった日本において、民主主義という正当性を持つアメリカ軍の手によって始められた。それは貿易という行為に伴ってつづけられ、世界各国の間のコミュニケーションの増大という時代の流れによって助長された。さらに、国内におけるマス・コミュニケーションの発達は、それを増幅して国内に流した。かくて、われわれは共産主義から保守主義にいたる政治思想の混沌のなかに住みながら、アブストラクト・アートから民族舞踊まで含む文化を享受することになった。

その意味では、日本国民の視野がこれほど広がったことはなかったといえるかもしれない。しかし、大切なのは、ただたんに視野を広げているということではないのだ。視野という言葉には当然、その視野に入るものをきわめつくそうとし、それをうめようとする行動力が含まれているのである。その意味で私は水平線（horizon）という言葉を使いたいが、その水平線をわれわれは失ってしまった。

なるほどわれわれは世界のすべてのものを見てはいる。しかし、それをきわめようとする意欲と行動力はまったく欠けているのだ。だから、われわれは真実にものを見てはいないのである。真実に見るとはそれを行動につなぐ意欲を持ち、したがって共感と責任を持っていなくてはならないからである。日本は、いわばこの島国の彼方の水平線に積極的な関心を示さない国となった。すなわち、認識と行動の基礎であり枠組でもある視野の広がりと、その広がりをきわめようとする意欲とを、われわれは失ってしまった。われわれは、むしろ、意識的に水平線を拒否し、世界政治において適当な役割を拒否することによって、経済の復興に成功し、驚異的といわれる経済発展を成しとげてきたのであった。

しかし、その反面、水平線の喪失と私が呼んだ精神状況の結果として、日本の外に開かれた部分に対する認識が、強さと現実性とを失ってしまう危険があるのだ。もちろん、小さな島国に九千万の人口をかかえた日本が生きる道は、海外との貿易を通じてしかありえないことを、すべての人は観念的には認めている。しかし、それがいかに困難なものであり、いかに大きな努力を必要とするものかを、われわれは意識していない。とくに、それは国内での取引きとちがって、高度に政治的な努力を伴わねばならないことを、われわれは忘れているのである。われわれはその結果、日本の外に開かれた部分が、勝手に活動するのに委せているのである。

その結果、日本の外に開かれた部分が、わずかではあるが、しぼんで行く兆が見られるのである。一九六三年から翌年にかけて、海運業が数億ドルにおよぶ巨大な赤字を出したということは、たんに海運業だけにとどまらない大きな警告の意味を持っている。海運業の巨大な赤字については、もちろん多くの理由があり、そのいくつかは何ともならないものである。たとえば、現在の計算方式では、輸入が多く、輸出が少ない場合には、海運収支の赤字は避けられないようになっているが、日本は加工貿易国だから、つねに輸入の方が多くなる。

しかし、だからといって海運業の赤字がまったく不可抗力というわけでもない。そこには、政府の施策の拙さもあったし、海運業のリーダーシップの不足も作用しているのである。海運業に巨大な赤字が出るまで、それに対して注意を払った人は少なかったし、政治家のなかで海運業のことを真剣に考えていた人はだれもいなかった。もちろん、造船疑獄が起るまで、すなわち、そのリベートが多額の政治資金の源である間は、政治家たちは砂糖にたかる蟻のように、海運業に集まった。しかし、彼らは海運業のことは考えていなかったのだ。だから、海運業を育成するための資金は、ただ当てもなくばらまかれただけで終ってしまった。総花式の援助が海運業のリーダーシップを育てるのにマイナスに働いたことはいうまでもない。巨大な赤字はそれらが長年積み重なった結果なのである。

しかしいまはそれが人材の問題にまで発展していないからまだよい。けれども、現在の精神状況がつづくならば、外に開かれた部分に入っていく人材の不足という現象がおこってくるにちがいないのだ。現に、商船学校の機関科を出た卒業生のうちのある者は、船に乗ることを嫌がって、ビルの地下室の機関を動かすことを選ぶといわれる。その数が増加したらどうなるであろうか。またもし、同じように、商社に入る人々が、見知らぬ土地に出かけて行って市場を開拓するのを嫌い、国内でのデスクワークを好むようになったらどうなるであろうか。貿易は経済活動であり、その合理性によって動くけれども、それを動かす人間は、熱情という、別の原理を必要とするのだ。視野の広がりとそれをうめようとする行動力が必要とされるのである。

それに、政治家の視野の狭さは、これら外に開かれた部分を「あぶれ者」とすることによってそのエネルギーを浪費させてしまっている。すでに、日本の商社員や漁師たちは、ある意味では

「あぶれ者」にされつつある。彼らは行動力に満ちて世界に進出している。しかし、国民全体による後押しと意味づけの欠如が、彼らをあまりにも冒険的にしてしまっているのだ。たとえば、朝鮮に対する商社の進出について、いくつかの黒いうわさが流れたのはその一例である。また、低開発諸国における商社の活動については、いくつかの問題がある。そして、漁師たちについていえば、彼らはやがて濫獲の危険ありとして世界から批判されるかもしれない。現にその兆は現われている。

しかし、それは商社員や漁師の罪ではまったくないのだ。彼らの行動力はわれわれに与えられた大きな資産なのである。たとえば、単身アフリカの奥地に出かけて市場を開拓することは、強い行動力と生命力によって初めて可能となる。また、世界の海の上で活躍することは、それが商船隊の船員であれ、漁船隊の漁師であれ、同様の力強さを必要とするのだ。この行動力に満ちた人材こそ、すべての計画の実行にあたって必要とされるものなのである。しかし、こうした人々は酬いられていない。外国支店に出ることが不利な現在の日本の風潮が、これらの人材を軽視している何よりの現われである。

問題は日本の外に開かれた部分に注意を払わず、調整も後押しもおこなわず、その結果彼らを「あぶれ者」としてしまう国内のエリートたちの視野の狭さであり、国民全般の視野の狭さなのである。その問題性はいまだ重大な形をとって現われてはいないが、すでにいくつかの兆となってわれわれに警告を与えているのだ。端的にいえば、日本は第七艦隊の盾に守られた島国となりつつある。それは、アメリカの「力」の傘が日本をおおっているうちはまだよい。しかし、その傘が有効でなくなったとき、それは問題となるのだ。日本は海洋国として独自の力を持たなくてはならないのに、それを持っていないからだ。その場合、われわれはガロアの指摘した対米従属か対中従属のいずれかに追いこまれるだろう。それは十年以上先のことではあるにちがいない。しかし、それに対する対策は今から立てて置かなくてはならない。

第四部　海洋国のための施策

そのためにわれわれは、何よりも視野の広さを回復しなければならない。そして、大きな構想力を持ち、十年後の世界政治がどのような力を中心に展開しているかを考えて、長期的な施策を立てて行かなくてはならないのである。そこには、もちろん不確定の要因が入り、当て推量も含まれるだろう。しかし、われわれはそれを論じなければならないのだ。それによって回復された構想力が、慎重な政治によって現実化されて行ったとき、日本はそれが必要とする独自の力を獲得することができるであろう。だから、私は以下に私の試案を描いて見ようと思う。

まず、安全保障の問題がある。それは決して積極的な意味を持ってはいないが、しかし、依然として無視できない問題である。ところが、この問題を論ずる場合に、われわれが何よりも避けなくてはならないのは、完全主義者になることである。事実、現在日本でおこなわれている議論は、ともにこの誤りを犯しているのである。一方には、あらゆる侵略に対処できる抑制力を作ろうとして、安全保障の問題を語るとつねに自衛力増強という結論を導き出す人々がいる。これに対して、核時代には決して自己を防衛することはできないとして、むしろ非武装を説き、相手に侵略の意図を与えないことを主張する人がいる。

しかし、彼らは抑制力完全主義者となるか意図完全主義者となってしまっているのだ。前者は相手の意図にまったく無関係に、相手を抑制することをもって安全保障政策と考えている。しかし、彼らの立論を押しすすめて行けば、核武装が当然必要となってくるであろうし、それもきわめて強力な核武装を必要とするであろう。これに対して後者の場合には、他国に少しでも悪しき意図があれば、侵略は現実となって現われる。そして、それを克服するためには、宗教的なものに近い熱情を持たなくてはならないし、それも国民のほとんどすべてがこの熱情を持たなくてはならないのだ。それは人間の世界において可能なことではない。

こうして、日本の防衛論議は二つの完全主義の間に引き裂かれたままさまよっているのだ。しかし、防衛とは実に抑制力と意図のからみ合った複雑な問題なのである。できるだけ相手の利益または安全を脅かさないようにすることや、外交によって利害の対立を調整することによって、相手側の侵略する意図を減少させることは、防衛のための不可欠の行為なのである。日本はこうした努力によって、相手側に核兵器を使用したり、大規模な軍事行動を起す意図をなくすことはできるし、またしなくてはならない。しかし、まったく抑制力を持たず、二個師団の空挺隊を送り込めば簡単に占領できる状態を作っておいて、相手の侵略意図をゼロにしてしまうことは、不可能なのである。

ここに、最小限度の軍備の必要性と有効性とが生まれる。そこに自主防衛の可能性が生まれる。日本は相手の核攻撃に対しては無力であってよいのだ。何故なら、相手にそのような意図を持たせないことは政治全体の任務であり、かつ可能な任務だからである。しかし、政治は空挺隊による奇襲と小規模戦争をおこなう意図まではなくせない。それに対処する軍事力を持つことが必要となるし、それには意義があるのだ。

また、日本はアメリカとの軍事的結びつきを現在より大幅に弱めながら、一定限度の結びつきを維持することによって、相手の意図を動かす外交能力を取りもどしながら、必要なときにその抑制力を増大させる可能性を持つことができる。この場合、ある程度の軍事的結びつきをアメリカとの間に持つことは三つの理由から望ましい。ひとつは、戦後の二十年間、日本とアメリカは軍事的に提携してきたし、それは「力の均衡」の一部となっている。したがって、それを基本的に変化させることは不可能でもあるし、望ましくもない。

第二の理由は、アメリカの方が日本から見てはるかに遠いということである。それはきわめて単純ではあるが、重要な事実である。アメリカが太平洋の向うにあったことが、戦後の日本にどれだけ大きな恩恵であったかは、あまり気づかれていないが、しかし、もしアメリカが日本のすぐ側にあったならば、日本はより強くアメリカ化され、実質的に吸収されていたであろう。巨大な隣国から自己の同一性を守ることは実にむつかしいことなのである。

古来、外交政策について、中国には「遠交近攻」という教訓があり、西洋には「隣人の隣人は良友」ということわざがあるのは、この辺の事情を示しているのである。磁力は近いほど強く作用する。日本が東洋でも西洋でもない立場をとろうと思うならば、遠くの力とより強く結びついて、近くの力と均衡をとる必要があるのである。この安全保障政策は磁力の理論と呼べるかもしれない。

第三に、日本の安全保障を支えるもっとも基本的なものは海洋の支配であり、そして今日、世界の海はアメリカの支配下にある。そのアメリカ海軍に逆らって、日本は安全保障を獲得することはできない。

もちろん、われわれは軍備を持つことの恐ろしさをつねに注意しなくてはならないし、今後数十年の間にそれが、まったく無意味になるように努力しなくてはならない。そのためにはつねに、軍備を最小限度にとどめるように努力すると同時に、それを他の目的に転換できるような形で持たなければならない。またそうすることは経済的にも有利である。

具体的には、日本独自の軍備について、
一、現在所有している程度のかなり強力な空軍を持つ。
二、陸軍については、強力な師団は二個師ほどにとどめ、それは国連軍に転用しうるものとする。他の師団は国土建設隊的性格を強める。
三、海軍については、日本の周囲の海においておこなわれる可能性のあるゲリラ活動を鎮圧しうる程度のものでよい。それは、あとで述べる海洋調査をおこないながら獲得できる能力である。
そして、アメリカとの関係については、
一、日本本土の米軍基地はすべて引き揚げてもらう。アメリカの抑制力は、モーゲンスターンが海洋システムと呼ぶ性格を持っているから、外国基地の必要性は減少しつつある。
二、海軍の基地は必要であるが、それは日本本土にある必要はなく、またそうでない方がよい。
三、したがって条約の形としては、ソ連とフィンランドの間の条約、すなわち、ソ連が一方的にフィンランドの中立を認めてその地位を保障し、必要に応じて軍事協議をおこないうるという形から多くを学ぶことができよう（基地貸与は軍事協議でおこなう）。
しかし、安全保障の問題はあくまでも消極的な意味しか持っていない。重要なことは、日本が今後の世界政治に対処する積極的な施策を持ち、外に開かれた国になることである。

その場合、政府のとるべき施策は大別して二つに分けることができる。第一は、政府は国民の目を外に向けるために努力し外の世界に出て行くことを奨励し、外に開いた部分に対して共感を持って、それを調整し、援助をおこなうことであるが、その場合、政府みずから計画を立てて、あまりに強い指導をおこなうことはよくない。第二は、政府でなければできない重要な長期的施策をおこなうことである。利益を生む活動は企業が勝手におこなうだろう。だから政府は、当面の利益を考えず、国民の未来を切り開く必要があるのである。

第一の点、すなわち、政府があまりに強い計画的指導をおこなうことがかえって良くないことは、あまり論証はされていないが、歴史において示されてきたことで、ことがらの本質を捉えている。実際、中央集権的に動かされる経済を持ち、立派な計画によって政府が指導する国が、外の世界への進出においては劣ることはまれではない。たとえば、イギリスと競争した十八世紀のフランスがそうであった。

フランスはコルベールのような有能な組織者を持ち、「積極的で聡明な指導の下に、生産者と商人を強力な軍隊のごとく組織し、努力の統一と秩序によってフランスに産業的な勝利を確保し、秀れた人間によって最善と認められる工程をすべての労働者に課することによって最善の製品を得ることができるようにすること」にかなり成功していた。しかし、それにもかかわらず、フランスはイギリスとの競争に敗れた。それを理論的に解明することは不可能かもしれない。しかし、精密な理論よりも、歴史の教訓が有益なことも少なくないのだ。そして、モンテスキューの知恵は、われわれに得がたいヒントを与えてくれる。彼は、商人の頭は大計画ではなく、細き計画で満ちている頭だと述べた。そしてこの細き計画で満ちた頭こそ、その無限の適応力によって、大計画よりも、はるかに容易にかつ速やかに事態の変化に対処することができるのである。また計画は、何としても各個人の活気を失わせる危険を持っていることも重要である。

外の世界とのつながりは、通商関係を軸としたものであり、そして、そこにはどうしても未知の要因が残っている。その場合、商人の頭の持つ適応力と自由のもたらす活気が決定的に重要なのである。「通商国民」はこの重要な教訓を忘れるわけにはいかない。

もちろん、それは経済活動を野放しにしておいてよいというわけではない。それは適当な調査と援助を必要とする。そして、日本の場合、とくに貿易と海運について、政府の施策は成功していない。貿易に生きる海洋国日本にとって、輸出入のバランスを取って経済を指導すること、商社を中心とする貿易を調整し援助すること、海運業を繁栄させることは、基本的に重要なのである。しかし、これについてはこれまでも発言がくり返されてきたから、私は具体的な施策をあげることをやめ、現在の奇妙な形の中央集権がつづくならば、計画経済の長所も持たず、成功か破産かという厳しさから生まれる、自由経済の活気も持たないものになる可能性があることを注意するにとどめよう。

それでは、政府しかできない長期的政策とはなんであろうか。それは今後の世界政治の動向の理解の上に立たなくてはならないが、私の考えるところでは、今後の世界は二つの方面における開発を中心として動くであろう。すなわち、低開発諸国の開発と、海の開発である。

そのうち、低開発諸国の開発が今後のもっとも重要な問題となるであろうことは、南北問題としてすべての人が問題とするようになったし、日本もまた低開発諸国援助について独自の政策を持つべきことがようやく認められ始めている。しかし、この問題に対するアプローチは、きわめて理論的で観念的である。ここにも、世界をただ見ているだけという水平線の喪失という現象が存在しているのだ。

その結果、まず、日本が援助する相手国の具体的イメージにもとづく、具体的政策にまで論議が展開しない。次に、低開発諸国開発の問題は、ひとつのマスター・プランを作って資本と技術を投下するということによって解決されるのではないことが忘れられてしまっている。低開発諸国開発のためにもっとも重要なことは、その国に出かけて行ってその問題を理解し、その国の人々の共感を得ながら仕事をするということなのである。そこにも、あらゆる重要な問題の核心であるあの人材の問題があるのだ。しかし、現在の日本において、とくに知識人の間で、それは世界政治の問題として扱われるだけで、言葉のもっとも具体的な意味における日本の問題として考えられていない。

だから、私が具体的に提案したいことは次の三つである。

一、低開発諸国への援助政策を作り、それを貿易政策とつなげること。

二、日本としては、低開発諸国の援助を地域的な形に持って行くこと。

三、そして、その中心としては技術援助を重要視し、とくに、日本で発達の余地の少ない産業、たとえば漁業・土木建設業・農業などを、これ以上無理に発展させるよりも、低開発諸国の援助に向けること。

しかし、低開発諸国の開発とならんで、私は海の開発の重要性を強調したい。いままで、海は資源としての価値をあまり持たなかった。海はきわめて多様な資源を秘めながら、人間にその門戸を開放してこなかった。しかし、最近潜水技術の進歩、原子力などの巨大エネルギーの開発、種々の海洋調査技術の進歩によって、その開発の可能性を示し始めた。

まず、すでに開発されている漁業資源が問題になるだろう。何故なら、今後十数年間に、世界の人口が十数億増加するものと予測されるし、彼らに必要な蛋白質資源がどこかに求められなくてはならないからである。それだけでもたいへん問題であるのに、それにつづいて、海の鉱物資源の開発も次第に実用化してくるであろう。

そして、それとともに国際法の原則であった海洋の自由という原則は不十分になり始めるであろう。この原則は、海洋が軍事的な意味と貿易のための公道という意味しか持たないときに妥当した原則であった。しかし、いまや海は資源としての意味をもち始め、その重要性を増して行くであろう。それはいままでの海洋の国際法秩序に衝撃を与えるものである。それは現に、漁獲高の制限や大陸棚の問題で、われわれにむつかしい問題を投げかけているのだ。

それは、国際秩序の問題であると同時に、日本の国民的利益の問題である。海は残された最大のフロンティアとして、今後重要性を増大させてくるであろう。その場合、日本がその国民的利益を守るにも、国際秩序の建設に参与するにも、海洋の開発に積極的に参加しなくてはならないのである。

そして、そのためには大規模な科学的基礎調査を必要とする。もちろんすべての天然資源はその開発にあたって、調査のための投資を必要とする。しかし、海洋の開発にあたっては、他の場合とは比較にならないほど多額で、私企業の投資ではとうてい不可能な調査投資が要求されるのである。何故なら、海はまことに広大で、その調査にはいちじるしい費用と人材を必要とするからである。

しかし、海洋調査は間接的には防衛にもつながっていることが注意されなくてはならない。みずからの周囲の環境を知ることこそ、防衛の要諦だからである。したがって、次の三つを提案したいと思う。

一、現在の自衛隊の予算の三分の一程度を海洋調査に回すこと。
二、日本近海については海上自衛隊が中心となって調査すること。
三、世界の海については、国際協力を原則として、科学者が調査をおこなうこと。
それはかなり思い切ったことではあるが、十年後にはその効果を現わし始めているにちがいない。そして、それは決して日本の防衛を不十分にはしないのである。

これら、広範にわたる施策の必要性と効果は、現在はそれほど明らかではないかもしれない。たしかに、それは未知の要因を含んではいる。しかし、われわれに現在もっとも必要なのは、この未知のものを求める視野の広がりなのである。

われわれは東洋と隣り合っているが東洋ではなく、「飛び離れた西」ではあるが西洋ではない。しかし、それは悩みであると同時に、日本が世界政治で活躍する可能性でもあるのだ。その場合、われわれは軍事力の意味を制限して妥当な防衛政策をとることができる。また日本は資源に恵まれない、人口過剰の国であるかもしれない。しかし、それは同時に「通商国民」としてきわめて大きな利点を持っているのだ。そして、今後の開発の時代において、日本は開発すべき国土があまりないかもしれない。しかし、われわれのフロンティアは広大な海にあるのだ。最後に、われわれの強さはひとつの大きな計画よりも、小さな計画の集まりが可能にする無限の適応力と、冒険が生み出す精神の活気にある。日本はこれらの意味において海洋国なのだ。そして、その偉大さを引き出しうるのは、慎重さと冒険、「非英雄主義」と「英雄主義」をつなぐことができる政治の技術であり、さらに慎重さをたんなる慎重さに終らせない視野の広さなのである。それを私は水平線と呼んだ。そこに日本の未来があるのだ。

あとがき

本当のことを言えば、ここに収められている論文の題名のなかで私みずから名づけたものは「現実主義者の平和論」一つしかない。あとはすべて他の人が、私の考えを聞いたり、私の論文を読んだりして題名をつけてくれた。私には漠然とした考えは浮ぶが、それに焦点を定め、題名をつけることとなるとまったく苦手なのである。そして、名は体を現わすごとく、論文そのものも、多くの先生や友人たちとの会話がなかったならば決してまとまらなかったにちがいない。今、この論文集を読み返していると、どんなときに、どんな人から、どんな示唆を得たかが思い出されてなつかしい。私は何よりもこれらの人々に感謝したいと思う。

そして、私がつけた題名である「現実主義者の平和論」はいくつかの誤解を生んだ。ある人は現実主義という言葉に反撥を感じ、ある人は私をロマンティストと呼んだ。実際、あの論文を書いたときから、現実主義という言葉が日本で持つ悪いひびきに注意してくれた友人もいた。そして彼はリアリズムとか、新現実主義という言葉をすすめてくれた。また私自身、日本の「現実主義」に多くの点で批判的であったし、それは今も変りない。しかし、それにもかかわらず、私は「現実主義者」という言葉を使った。何故なら、私は国際政治を基本的に力の闘争として捉え、国際政治における力の役割を重要視する意味において現実主義者であり、国際政治における道義や価値をより重要視する理想主義者を批判し、それと対話を交わすべきだと思ったからである。学問は対話によって進歩する。そして対話はみずからの立場を明らかにすることによって効果的になるのである。

次に、日本の「現実主義」がいかに歪んだものであっても、力の役割の重要視という基本的な点において共通なものを持つかぎり、リアリズムや新現実主義という一人よがりの名前をつけるべきでないと私は考えた。現実主義という言葉は悪いひびきを持ち、日本の現実主義は歪んでいるかもしれないが、その歪みを直し、現実主義という言葉の悪いひびきを除去するように努めるのが、同一の基本的立場をとるものに課せられた任務でもある。だから、理想主義者との対話とともに、「現実主義者」を変質させることが私の秘かな願いであった。その気持は今も変っていない。

また、私は現実主義者であるよりはロマンティストであるかもしれない。しかし、政治の研究者として政治について論ずる以上、現実主義の立場から論じ、ロマンティシズムを表面に出さないのがむしろ当然であると私は思う。政治におけるロマンティシズムは時として英雄を生みはするが、多くの場合には政治を失敗させる。政治におけるロマンティシズムとは革命家にその典型を見出すように、権力を正しく使ったときのすばらしい成果に魅せられるか、無政府主義者のように、権力の消滅を夢見る。だから革命家と無政府主義者がしばしば同一の行動をとるのは決して不思議ではない。彼らはロマンティストなのである。

しかし、数多くの欠点を持ち、しばしば失敗を犯し、善とともに悪をその性質として持つ人間の構成する社会では、力を正しく使ってそれを讃えることも、力を否定することも、かえって恐ろしい結果を招くことが多い。現実主義者は、力を過小評価する人々やそれの否定を夢見る人に対しては、力の闘争は人間が存在するかぎりつづくことを指摘する。そして正しく使われた力の生み出す効果に魅せられる人々に対しては、力の本性的な恐ろしさを注意する。言葉をかえて言えば、現実主義とは力の必要性とともにその恐ろしさを認識する立場なのである。この二つの極の間の釣合いをとることこそ、現実主義のもっともむつかしい課題かもしれない。それは政治について、基本的に消極的な見方をとり、政治を偉大な建設者としてよりも、利害の妥協をおこなう調停者としてみる立場なのである。

もちろん、私は政治がたんに利害の妥協だけではないことをよく知っている。もしそれだけならば、その現実主義は無味乾燥な力のないものとなってしまう。政治には利害計算以外の何物かが必要なのだ。しかし、私は政治をあくまでも利害計算として見る。何故なら、利害計算を無視した政治においては、他の要因も決して生かされえないからである。私はこのことについて、碁という身近かな例を引くことにしよう。私は学生時代、碁に熱中し、かなりの打手となった。そして、私がこの話をすると、人はいつも「碁は論理的な頭の持主によいのですね」と言う。しかし、碁ほど非合理的な要素が重要なゲームはないのだ。碁の勝敗は「読み」によって決すると思っている人が多いが、「勘」の方が重要であることはいくらでもある。ただ、その「勘」は「読み」という合理的な計算を通じてしか生かされえないのである。

政治も同じである。政治ほど情熱や直感などの重要なものはない。実際、政治を百パーセント利害計算と妥協の技術と考えている政治家はつまらぬ政治家である。しかし、政治においては、情熱や直感がむき出しにされることは異常なことであり、多くの場合、危険なことである。政治はつねに冷たい計算の上に立脚しなくてはならない。

かくて、現実主義は政治を見る一つの視角であり、政治にアプローチする思考法の一つである。私はその意味で現実主義者と自称してきた。その思考法を通じて私が表現しようとしたものは、雑多で、そしてまだ漠然としている。私の考えの実体はまだ焦点が定まっていないのである。しかし、私は「海洋国家日本の構想」が、欠点と長所を含めて、私自身をもっとも良く現わしているように感ずる。それゆえ、私はこの私の生涯の最初の書物を『海洋国家日本の構想』と名づけることにしたい。私になにものかを寄与してくれたきわめて多くの人々への感謝の気持をこめて、この書物を世に問いたいと思う。

高坂正堯

一九六五年三月一日

増補版へのあとがき

私が最初の論文を書いてから早くも六年半の日が経った。書物としてまとめて出版してからでも、もう四年になる。その間にさまざまな事がおこり、日本の内外の情勢は相当変った。日本の経済はますます発展して、日本の国力は増大した。日本は国際政治のなかで重要な地位を占めるようになった。しかし、政治は依然として低迷をつづけ、そのため日本外交は相変らず消極的な姿勢をとりつづけている。「臆病な巨人」という言葉はいっそう真実味を帯びることになった。

しかし、日本外交の低迷は、日本を取り巻く情勢が難かしくなったこととの結果でもあり、日本の政治家の無策や国民の無気力によるものとして、いちがいに非難できないところがある。この書物のなかに収められている最後の論文を書いたのは、オリンピックがおこなわれ、中国の核実験があり、フルシチョフが解任されたときであった。そのころ、日本人は国際社会でのより積極的な役割を果たす心構えを次第に持つようになっていた。しかし、中国の核実験、アメリカのベトナム介入、インドネシアの九・三〇事件、文化大革命と「紅衛兵」といった思いがけない大事件が次々におこり、アジアの情勢はきわめて複雑で困難なものになった。日本人は再び立ちすくむことになった。

しかし、そうしたアジアの混沌のなかで、日本は次第にその比重を強めつつある。煙がひいて情景がはっきりして来たとき、人々はアジアと世界のなかで大きな地位を占める日本の姿を見出し、驚くであろう。私がこの書物で論じたのは、そうした日本の外交政策のあり方についてであった。それゆえ、この書物のなかで展開されている考え方は、数年を経た今日でも依然として妥当なものである、と私は思う。

とくに、二つの点はその後の情勢の展開によって支えられている。その一つは、日本を世界のなかの日本として考え、アジアとの地理的近接性のゆえに、アジアと日本の関係を特殊なものと考えてはならないということであった。物を運ぶ費用といった客観的な基準で計るならば、今日の日本はアジアに近いだけでなく、アメリカとも、南アメリカとも、ヨーロッパとも近い。ただおくれているのは人間の意識である。人々は急速な世界化についていくことができず、まだ地域的なものの考え方をしている。それでは日本は発展しえないのである。しかし、私が「海洋国家日本の構想」を発表してから数年の間に、人々の地図の見方は、次第に世界化時代の現実に近づいているように思われる。

第二の点は核兵器に対する見方であった。中国の核実験がおこなわれたころ、日本人の見方は奇妙に分裂していた。すなわち、核兵器の持つ意味を過大に捉えて、一方では、日本も核武装しなくてはならないように感ずる人があるかと思うと、他方では、だからこそ非武装中立をとるべきだという議論がなされる有様であった。しかし、こうした議論はともに、核時代の権力政治のあり方について無智であり、核兵器の機能についてあまり考えたことのない議論であった。それゆえ、私は核時代の権力政治を分析し、それを冷静に捉えようとしたのである。正体を捉えずに脅威とみなすのは、どちらにしても、危険だと思ったからである。そして、その後数年の間に、日本人は核の問題をより冷静に捉えるようになり、中国の核を「脅威」とみなす人は減った。私にとって重要な論点の二つが事実によって支えられて来たことを、私はうれしく思う。

しかし、分析と実行とは異なる。ここで私がおこなったのは主として分析であり、その上に立って日本外交をいかにすすめるかの議論は不足しているように思われる。そして、日本が真実に「大国」になり、実行が必要になって来た今日、そうした議論はいっそう必要度をたかめていると言えるであろう。しかし、私は日本外交のプログラムを提出するには、まだ研究が足らないように思う。またそれは一人ではできないかも知れない。しかし、やがてそのような書物を刊行することができる日も来るであろう。

一九六九年八月十日

高坂正堯

中公
クラシックス
J35

海洋国家日本《かいようこつかにほん》の構想《こうそう》

2008年1月10日初版
2022年12月20日9版

著　者　高坂正堯

発行者　安部順一

印　刷　凸版印刷
製　本　凸版印刷

発行所　中央公論新社
〒100-8152
東京都千代田区大手町1-7-1
電話　販売 03-5299-1730
　　　編集 03-5299-1840
URL https://www.chuko.co.jp/

著者紹介

高坂正堯（こうさか・まさたか）
1934〜96
国際政治学者。哲学者・高坂正顕の次男として生まれる。京都大学法学部で国際法学者・田岡良一に師事し、卒業後ハーヴァード大学留学。1963年『中央公論』に「現実主義者の平和論」を発表して論壇に登場する。冷戦時代から共産主義国家には批判的で、現実に即した保守政治評価や国際政治観を表明した。専門は国際政治学、ヨーロッパ外交史。主著『宰相吉田茂』『国際政治——恐怖と希望』『古典外交の成熟と崩壊』などのほか、業績をまとめた『高坂正堯著作集』（全8巻）がある。

Published by CHUOKORON-SHINSHA, INC.
Printed in Japan　ISBN978-4-12-160101-8　C1231

■「終焉」からの始まり
――『中公クラシックス』刊行にあたって

二十一世紀は、いくつかのめざましい「終焉」とともに始まった。工業化が国家の最大の標語であった時代が終わり、イデオロギーの対立が人びとの考えかたを枠づけていた世紀が去った。歴史の「進歩」を謳歌し、「近代」を人類史のなかで特権的な地位に置いてきた思想風潮が、過去のものとなった。

人びとの思考は百年の呪縛から解放されたが、そのあとに得たものは必ずしも自由ではなかった。固定観念の崩壊のあとには価値観の動揺が広がり、ものごとの意味を考えようとする気力に衰えがめだつ。おりから社会は爆発的な情報の氾濫に洗われ、人びとは視野を拡散させ、その日暮らしの狂騒に追われている。株価から醜聞の報道まで、刺戟的だが移ろいやすい「情報」に埋没している。応接に疲れた現代人はそれらを脈絡づけ、体系化をめざす「知識」の作業を怠りがちになろうとしている。

だが皮肉なことに、ものごとの意味づけと新しい価値観の構築が、今ほど強く人類に迫られている時代も稀だといえる。自由と平等の関係、愛と家族の姿、教育や職業の理想、科学技術のひき起こす倫理の問題など、文明の森羅万象が歴史的な考えなおしを要求している。今をどう生きるかを知るために、あらためて問題を脈絡づけ、思考の透視図を手づくりにすることが焦眉の急なのである。

ふり返ればすべての古典は混迷の時代に、それぞれの時代の価値観の考えなおしとして創造された。それは現代人に思索の模範を授けるだけでなく、かつて同様の混迷に苦しみ、それに耐えた強靭な心の先例として勇気を与えるだろう。そして幸い進歩思想の傲慢さを捨てた現代人は、すべての古典に寛く開かれた感受性を用意しているはずなのである。

（二〇〇一年四月）